工业和信息化普通高等教育
“十三五”规划教材立项项目
高等院校“十三五”
电子商务系列规划教材

ELECTRONIC COMMERCE

直播电商

理论、案例与实训

微课版

余以胜 林喜德 邓顺国 ◎ 主编
陈文彪 丁慧鸽 肖振华 ◎ 副主编

人 民 邮 电 出 版 社
北 京

图书在版编目（CIP）数据

直播电商 : 理论、案例与实训 : 微课版 / 余以胜,
林喜德, 邓顺国主编. -- 北京 : 人民邮电出版社,
2021.3(2024.6重印)
高等院校“十三五”电子商务系列规划教材
ISBN 978-7-115-55190-0

Ⅰ. ①直… Ⅱ. ①余… ②林… ③邓… Ⅲ. ①网络营
销-高等学校-教材 Ⅳ. ①F713.365.2

中国版本图书馆CIP数据核字(2020)第212039号

内容提要

本书全面系统地讲解了直播电商的相关知识。全书共 8 章，主要介绍了直播电商概述与认知、直播电商的筹划与准备、直播电商的策略与运作、直播电商的实施与执行、直播电商的效果评估与改进、直播电商相关岗位概述、直播电商的风险与防范、直播电商典型案例分析等内容。本书内容深入浅出，通俗易懂，易于读者学习。

本书以直播电商的整体运营流程为线索，通过知识讲解和案例分析，帮助读者快速掌握直播电商的筹备、运作、实施和改进的方法与技巧。同时，复习思考题可帮助读者巩固和扩展相关的知识与技能，场景实训可帮助读者理解和掌握直播电商实施的方法与流程。

本书既可作为高等院校电子商务、市场营销等专业的教材，也可作为直播电商自学人员的参考书。

◆ 主　　编　余以胜　林喜德　邓顺国
　副 主 编　陈文彪　丁慧鸽　肖振华
　责任编辑　孙燕燕
　责任印制　杨林杰

◆ 人民邮电出版社出版发行　　北京市丰台区成寿寺路 11 号
　邮编　100164　　电子邮件　315@ptpress.com.cn
　网址　https://www.ptpress.com.cn
　山东华立印务有限公司印刷

◆ 开本：787×1092　1/16
　印张：11.25　　　　2021 年 3 月第 1 版
　字数：189 千字　　　2024 年 6 月山东第 11 次印刷

定价：39.80 元

读者服务热线：(010)81055256　印装质量热线：(010)81055316
反盗版热线：(010)81055315
广告经营许可证：京东市监广登字 20170147 号

前言

2016 年直播电商兴起，2019 年直播电商获得快速发展，“人人皆可直播”成为常态。尤其是在新冠肺炎疫情下，直播电商以实时、互动、快捷等特点，有效地弥补了传统电商发展中存在的一些不足，加快了传统电商的转型和升级。为了更好地总结直播电商的发展经验，广东省本科高校电子商务类专业教学指导委员会组织专家编写了本书，以期引导直播电商朝良性、健康的方向发展，同时指导各类高校和企业更好地培养直播电商人才。

本书在编写过程中，结合党的二十大报告精神，在介绍直播电商基本内涵的基础上，以读者掌握直播电商运营的步骤和技能为目标，全面系统地介绍了直播电商筹备、运作、实施和改进的全过程，并为读者介绍了直播电商相关岗位概述、直播电商的风险与防范等内容，有效帮助读者提高直播电商运营的能力。

本书的特色如下。

（1）结构新颖，趣味性强。本书与其他传统教材的写法不同，针对每章的具体内容与特点，精心安排了学习目标、引例、归纳与提升、名词解释、复习思考题、场景实训等板块，结构新颖，有利于提高读者的学习兴趣。

（2）注重实操，应用性强。本书以详细、直观的方式，逐步指导读者熟悉直播电商的准备、运作、执行和复盘的实操过程，逻辑清晰，流程合理，便于提高读者的实操技能。

（3）理论与实践结合，实用性强。本书理论与实践并重，不仅详细阐释了直播电商的基础理论知识、技巧和方法，还通过大量实际案例加深读者对直播电商运营的理解，具有较高的实用价值。

本书由余以胜、林喜德、邓顺国任主编，陈文彪、丁慧鸽、肖振华任副主编，其中余以胜和林喜德对本书的框架结构进行了总体策划，并负责最后的统稿和定稿工作。具体编写分工为：邓顺国和李淑华编写了第 1 章，肖振华编写了第 2 章，孙中涛编写了第 3 章～第 4 章，余以胜编写了第 5 章～第 7 章，丁慧鸽和蔡松林共同编写了第 8 章。另外，华南师范大学的曾灵、卜亚茹、张小彤、任珂瑶在本书的编写过程中进行了资料收集、整理和校对等工作，千里马的人才导师肖邦、广东财经大学的贺敏伟和广东工业大学的刘国也参与了本书的编写工作。

由于编者水平有限，书中难免存在表达欠妥之处，因此，编者由衷地希望广大读者朋友和专家学者能够拨冗提出宝贵的修改建议，修改建议可直接反馈至编者的电子邮箱：359239030@qq.com。

编　者

目录

第 1 章　直播电商概述与认知

学习目标

- 了解网络直播的发展历程
- 理解直播电商的内涵
- 理解直播电商的商业价值
- 掌握直播电商的产业链
- 了解常见的直播电商平台
- 掌握各个直播电商平台的差异

引例

名人入职聚划算，开启沉浸式直播

2020 年 5 月 14 日晚 8 点，当身穿红色条纹外套、牛仔裤和运动鞋的某名人出现在一个真实的厨房里开始自己的直播首秀时，所有第一次观看她直播的网友，都突然有了一种意料之外的亲切感（见图 1-1）。

图 1-1　沉浸式直播场景

这种“沉浸式直播”的概念是该名人自己提出来的，不同于很多主播坐在一张简单的桌子前就完成整场直播，该名人把直播间分成了厨房区域、餐厅区域、沙发区域，她在直播里把这些区域形容为“生活空间”，而非常规意义上的直播间。她在不同的区域里向她的“刀客”们推荐相对应的产品，令这场历时四个小时的直播，变得更像是一场名人与朋友间的好物分享会。

“名人-平台-品牌”三方联动，再加上创新的“沉浸式直播”的设计，此次该名人联手聚划算，也为直播业态赋予了新的势能。自开启直播首秀，在不到 1 个月的时间里，该名人已经完成了五场直播。首场直播总交易额突破 1.48 亿元，累计观看人次超 2 100 万。且随后的 3 场直播依然场场火爆，她在 2020 年 6 月 6 日的直播盛典活动上首次挑战直播 6 小时，下单总额突破 2.2 亿元，创造了名人直播的全新纪录。

该名人和聚划算开启长线深度合作，不仅全程参与选品，也利用聚划算王牌运营团队一起打造以该名人为主平台“加持”的名人直播商业新模式。聚划算此次把该名人推向百亿补贴主播的特殊位置，不仅是为了实践全新的直播带货玩法，让卖货更好玩有趣。更重要的是，电商直播的升级，能够让聚划算的生态拥有更多战略触角，也更适应愈加变化的外部竞争环境。

思考题：

1. 直播电商与传统电商的区别是什么？

2. 直播电商的商业价值是什么？

本章的主要内容是直播电商的概述与认知，主要介绍直播电商概述、直播电商的产业链和直播电商平台的分析等。

1.1 直播电商概述

消费作为持续保持拉动经济增长驱动力的第一引擎，作用日趋凸显，消费意愿的持续释放越来越重要。消费者在消费意愿持续提升的同时，其消费逻辑也在升级，也就是所谓“消费升级”。直播电商是品牌应对消费升级的必经之路。本节将介绍直播电商的基础知识，包括网络直播的发展历程、直播电商的内涵、直播电商的发展现状和商业价值，让读者对直播电商有初步的理解。

1.1.1 网络直播的发展历程

扫一扫看微课：

微课 1-1

网络直播的发展经历了 3 个阶段（见图 1-2）：第 1 阶段是以娱乐为主的秀场模式，其变现形式单一，主要以用户打赏为主；第 2 阶段是以“宠粉”为主的互动模式，也就是所谓的“老铁经济”，这种模式下主播基于“粉丝”关注、信任和互动推荐产品，促成交易；第 3 阶段是以推荐为主的带货模式，主播直接向用户推荐产品以促成交易。

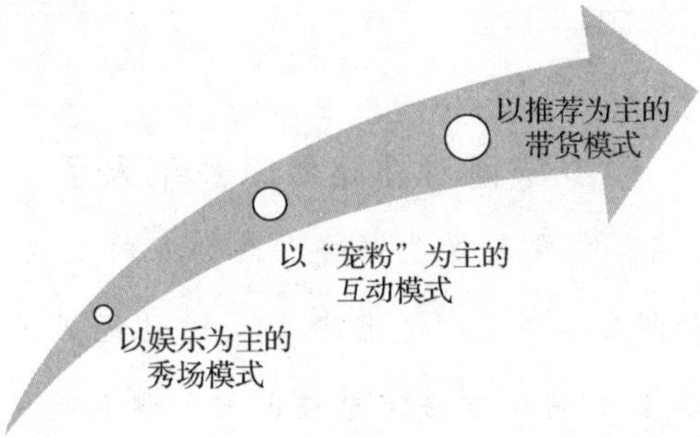

图 1-2 网络直播的发展阶段

1. 第 1 阶段：以娱乐为主的秀场模式

秀场直播最初于 2005 年在国内出现，原型为网络视频聊天室，2009 年后逐渐转变为以主播为核心的秀场模式。秀场模式以才艺表演为主、聊天为辅，其内容早期以唱歌、跳舞等形式为主，后期发展为脱口秀等表演方式，以六间房、9185 等直播平台为代表。其因起步时间较早，是网络直播最早发展的类型，运营模式相对成熟。

秀场直播参与门槛较低，内容同质化程度较高，其变现形式单一，主要以用户打赏为主，这限制了秀场模式的发展。但秀场模式发展到今天，依然有一定的活跃度，并且随着移动通信设备的普及，秀场模式打破了原来空间上的界限，使直播背景不再局限于一个房间，这增加了直播的趣味性，也使内容更加多元化。

2. 第 2 阶段：以“宠粉”为主的互动模式

在网络直播中，以“宠粉”为主的互动模式比秀场模式更“接地气”，是基于强社交信任关系驱动的直播模式。主播一般有一定的“粉丝”基础，“粉丝”质量与私域流量控制力较强，在直播中直接展示商品。互动模式的场景更加日常化，也更加亲民，被称作“老铁经济”，这种模式起源于快手平台。

在传统零售和电商的消费过程中，消费者往往直奔“货”去，通过搜索达成购买行为。而在直播电商的互动模式中，“人”不仅是基于买卖关系的消费者，更是基于社交而产生的黏性“用户”，卖家也从单纯的销售员，变成“老铁”一样的带货达人。

以“宠粉”为主的互动模式是直播电商发展的第2阶段，其基于强社交信任关系驱动，使主播通过“粉丝”的关注、信任和互动，推荐产品，这种模式对“粉丝”质量与私域流量控制力要求较高，后来出现了面向公域流量的以推荐为主的带货模式，这种模式也就是现阶段所指的“直播带货”。

课间案例

61岁陕西老乔靠做家乡菜火了

“我在哪儿学的手艺？你要是像我一样在陕西农村长大，你也是大厨！”老乔在快手直播中再一次向网友解释了“师出何处”，这已经成了老乔直播的日常对话。厨艺好的他精通陕西美食的制作方法，总被网友们误认为是哪家饭店的大厨。如今老乔已在快手吸引了320多万“吃货”的关注，在61岁时火了（见图1-3）。

图 1-3　陕西老乔直播场景

“乔叔这辣子咋卖啊，您别干馋我们啊。”“菜我可能是学不会了，您直接卖点万能的油泼辣子‘解救’我吧。”面对“粉丝”们的要求，一开始老乔有种有劲儿使不出来的感觉，知道这是个把陕西美食推出去的好机会，但不知道从哪儿开始。比老乔更懂互联网的小乔便扛起了这个担子。在直播中提起当初小乔东奔西跑的经历，网友们亲切地送了小乔一个新身份：老乔经纪人。

据小乔介绍，当初为了鉴定自家的油泼辣子是正宗且符合大众口味的，他跑遍了陕西，找了陕西老师傅、资深“吃货”、普通食客等1 000多人品尝，最终在老乔的版本上加以完善，通过快手售卖后好评如潮，订单量骤增，老乔父子就这样糊里糊涂却又认认真真地成了“个体户”。他们现在收获颇丰，实现了文化输出和经济收入的双赢。

“一个人一个口味，只要您收到了食物觉得不合口，就直接和客服说，我们给您退货。”老乔父子和人们认知中的商家不太一样，作为卖食物的店家，在没有质量问题的情况下，即使是不合口也给退货，这不是亏本买卖吗？

老乔在直播中回答了人们的疑惑：“我们又不是买卖关系，大家之所以成为我的‘粉丝’，其实是因为大家信任我，我自然也得让大家吃得舒心。”不忘初心的老乔父子，在做生意的道路上顺风顺水。基于信任关系催生的“老铁经济”既有温度又有忠诚度，正在不断推动不同地域、不同人群间的理解互动和文化交融。

3. 第3阶段：以推荐为主的带货模式

带货模式指的是主播以关键意见领袖（Key Opinion Leader，KOL）的身份，通过直播形式推荐产品并最终达成交易的电商形式，与传统电商相比，直播电商带货模式具有去中心化、强标签化、强互动性等特点。

在带货模式中，达人主播凭借某个领域的专业知识成为关键意见领袖，逐步从垂直化产品直播销售发展到全品牌产品的销售，带货模式也可称为达人模式。达人主播消费影响力的形成遵循一个路径模型，图1-4所示为达人带货模式路径模型。

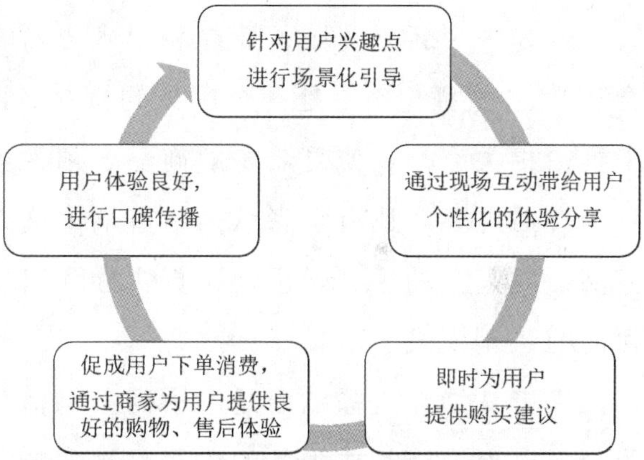

图1-4 达人带货模式路径模型

（1）达人主播基于专业知识，针对用户的兴趣点，进行场景化引导；

（2）通过真实使用用户的评价反馈与现场互动，为用户带来更加专业、个性化的体验分享；

（3）利用直播的即时反馈特性，现场为用户提供建议并发送促销优惠，为用户提供有针对性的购买建议；

（4）促成用户下单消费，商家要通过优质的产品与贴心的服务，为用户提供良好的购物、售后体验；

（5）用户有了良好的体验，为品牌进行口碑传播。

以推荐为主的带货模式，也就是现阶段所指的“直播带货”或“直播电商”，目前以淘宝、快手、抖音为主，京东、拼多多、有赞等电商平台也开始涉及直播带货业务。

小贴士

据毕马威联合阿里研究院发布的《迈向万亿市场的直播电商》报告，专家研判，2020 年直播电商整体规模达 10 500 亿元，直播电商这一迅猛发展的新经济业态在 2021 年将继续保持较高速的增长，规模将接近 2 万亿元。

1.1.2 直播电商的内涵

扫一扫看微课：

微课 1-2

在“直播+”全面发展的背景下，网络直播呈现多元化发展态势，而直播电子商务（以下简称“直播电商”）就是来源于网络直播的一种应用模式。

1. 直播电商的定义

作为一个新兴领域，业界和学术界对直播电商有不同的定义。中国消费者协会认为，“直播电商”是一个广义的概念，直播者通过网络的直播平台或直播软件来推销相关产品，使受众了解商品各项性能，从而购买商品的交易行为，可以统称为直播电商。还有学者认为，直播电商是电商企业平台推出的以直播形式销售商品，以高互动性、娱乐性、真实性和可视性为特点，以提高消费者购物体验为目的的营销模式。

笔者认为，直播电商是电子商务的衍生模式，是在电子商务环境下使用直播媒介，以促进商品或服务的购买与销售的一种商务模式。需要注意的是，直播电商有着区别于传统电子商务的商业逻辑，并不是直播媒介和电子商务的简单叠加。

2. 直播电商的本质

商业的发展本质是围绕“人、货、场”3 个核心要素的关系重构展开的（见图 1-5），所谓“人、货、场”也就是消费者、商品、连接消费者与商品的渠道。目前在零售业的

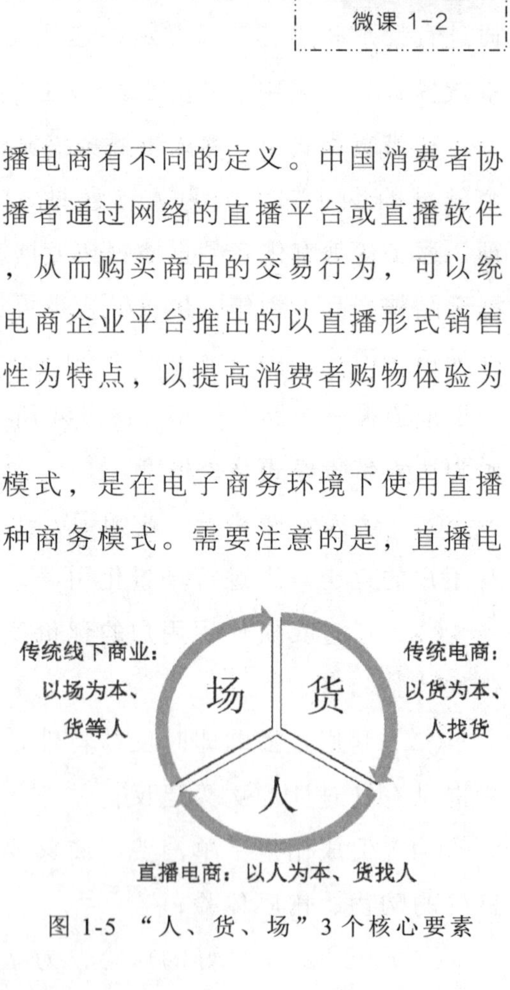

图 1-5 “人、货、场”3 个核心要素

发展过程中，传统线下商业、传统电商和直播电商这 3 个阶段有着不同的关注焦点，分别是“以场为本”“以货为本”和“以人为本”。

（1）以场为本：传统线下商业的经营是“货等人”，“场”是整个业务关系的核心，所以大型的综合商超，如一站式购物的苏宁、国美等电器城，都是在主流的商圈做出整个消费场景，在“场”内布置满满的“货”，等“人”来完成消费。

（2）以货为本：传统电商的经营是“人找货”，“货”是整个业务关系的核心。得益于互联网的信息传递高效率，一个网站就可以完成几乎所有商品的上架，当商品可以近乎无限上架的时候，“人”的消费大多数都带有明确的目的，在代表“场”的电商平台中通过搜索完成对“货”的消费。

（3）以人为本：直播电商的经营是“货找人”，“人”是直播电商业务关系中的核心。直播要既能满足“货”的动态化展示，使直播更真实有效；同时又能实现主播的人设经营，积累用户的信任度，最终让用户都变成主播的“粉丝”。直播转化的关键在于经营“人”，精准匹配“粉丝”的喜好和需求，因此是典型的“货找人”，也就是主播依据用户的喜好和需求向其精准地推荐商品，降低用户购物决策的时间和难度。

“以人为本”的“人”有两个含义：第一个是直播电商中的主播；第二个是直播电商中的消费者。主播要依靠不断输出内容，让消费者认可并成为其“粉丝”，才有可能进一步了解“粉丝”的需求，实现商品的精准推荐。在直播电商中，主播并不是帮品牌商卖商品，而是帮用户买产品。

当“人、货、场”的商业关系以“人”为核心的时候，直播电商的逻辑就不是传统的电商逻辑。直播电商并不是电商的简单升级，不能单纯地把直播当成电商的新渠道。直播电商提供给企业另一种经营品牌的路径。借助直播的高效率，企业一方面可以提高渠道效率和销售转化效率，另一方面也可以通过经营直播的主播人设，达成“粉丝”积累和商品销售转化，进而实现品牌的建设。

3. 直播电商的特性

直播电商借助直播媒介开展电子商务活动，具有实时性、真实性、直观性、互动性和精准性五大特征。

（1）实时性。借助电商直播平台，主播能够实时与用户分享自己的生活日常，除了主播主动输出的话语、表情、动作外，还可将自身所处的环境、场合、氛围等附加信息一并传递给用户，这类动态化的内容对信息的包容度更高，更适合进行信息的传递。与此同时，用户也可以通过评论的方式对主播发布的相关信息进行实时交流互动，主播能够在看到互动评论的第一时间做出回应。

直播信息的实时输出给了主播更多临场发挥的机会，也为用户营造了一种开放性、场景化的对话方式。

（2）真实性。一方面，直播的实时传播使得主播难以“调试”自己，主播的举动都被实时传输到观看直播的用户面前，大大降低了网络的虚拟感，让用户获得更加真实的体验感。另一方面，在观看直播的过程中，用户可以就商品的相关问题与主播进行实时互动，主动向主播咨询和获取商品的有效信息。

直播可以有效提升商品信息内容传播的真实性，而用户对于真实信息的依赖性将转化为对平台和主播的信任。对于商家来说，获得用户的信任能增加商品的回购率以及促进用户对商品的口碑传播。

（3）直观性。区别于传统电商平台上的文字和图片，在直播过程中主播能够对商品进行全方位的展示，主播不但可以将商品的设计细节更加直观地呈现给用户，而且还可以对商品的使用方法和技巧进行示范，让用户在了解商品的同时也可以掌握一些商品的使用技能。

例如，在服装类商品直播过程中，主播会在直播间标注自己的真实身高、体重、三围等身体数据，之后对衣服进行试穿，用户依据主播的数据以及试穿结果，就能对衣服的信息有更直观的认知。直播让用户更直观地获取商品信息，使用户的信任感和体验感进一步提升。

（4）互动性。与传统的商品展示相比，直播电商具有很强的互动性。在直播的过程中，弹幕是非常重要的交流工具，用户在发送弹幕评论时，除了与主播进行实时互动，也可以与其他用户进行实时互动，弹幕架起了用户与主播、用户与用户之间沟通的桥梁，从而营造了一种聚众观看直播的虚拟体验，满足了用户的陪伴需求和社交需求。

电商直播的这种双向互动，不仅让用户在接受信息时有更多的参与感和发言权，满足了用户的支配需要。也可以使他们与那些有相似观点或意见一致的人进行互动交流甚至互相关注，满足了用户的社交需求和认同需要。

（5）精准性。面对互联网上的海量信息，用户难以识别信息的有用性，而直播电商能够针对用户进行精准的传播，传播的内容对用户来说是有用的精准信息。进入直播间的用户是对商品感兴趣的目标用户，电商直播聚集了有共同购买意愿的人群，因此具有高度的精准性。

用户接触直播电商带有购物的目的，通过与主播的多次互动会表现对某一特定商品的兴趣，此时主播就能精准把握用户的需求。主播通过对用户疑问的解答和多次商品展示，加深用户对于商品的认知，提供对用户有用的精准信息，极易完成商品的销售。

扫一扫看微课：

微课 1-3

1.1.3 直播电商的发展现状

直播电商自 2016 年兴起，于 2019 年全面爆发，通过分析其发展历程、发展模式与发展动因，我们可以对直播电商有更清晰的了解。

1. 直播电商的发展历程

2016 年，直播电商初步兴起，淘宝、蘑菇街、京东等电商平台率先探索直播电商模式。2017 年，淘宝直播网红涌现，李×琦等抓住了直播电商新风口，成了行业的标杆。2018 年，直播平台、MCN（Multi-Channel Network）机构和主播等产业链各环节快速成长，并开始向精细化运营方向发展。2019 年，直播电商全面进入爆发期，腾讯、小红书、拼多多纷纷进行直播电商的尝试，直播电商的发展历程如图 1-6 所示。

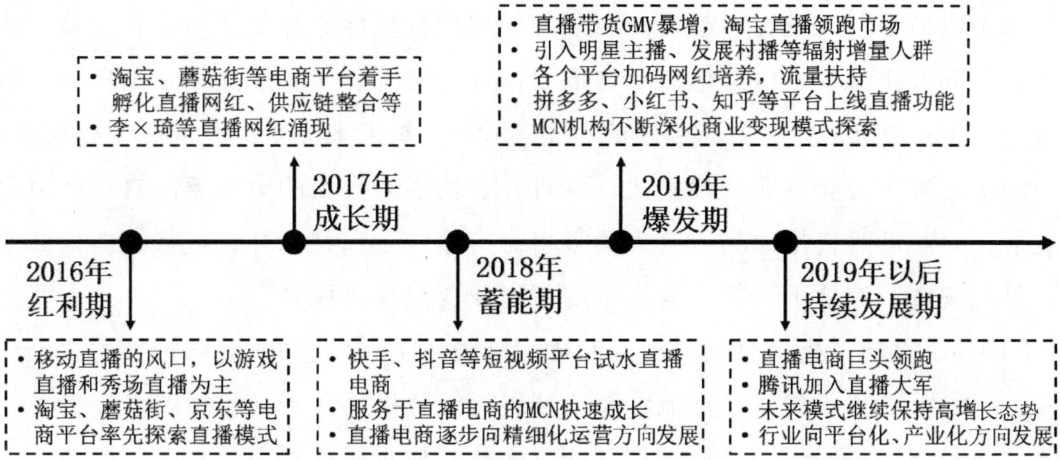

图 1-6 直播电商的发展历程

2. 直播电商的发展模式

直播为电商赋予了新的发展动能，淘宝、快手、抖音、拼多多等平台切入直播电商渠道，其发展主要有两种模式：一种是电商平台增加直播模块，探索电商内容化，通过直播增加电商平台流量，如淘宝、拼多多、京东等；另一种是内容平台增加电商模块，探索内容电商化，为已有流量变现，如快手、抖音等。图 1-7 所示为直播电商的两种发展模式。

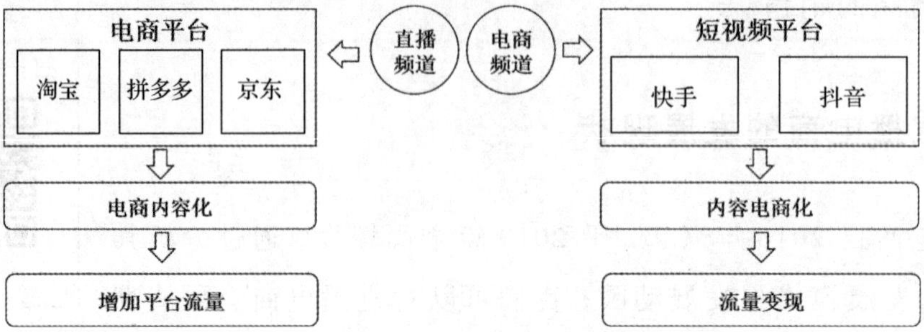

图 1-7　直播电商的两种发展模式

3. 直播电商的发展动因

直播电商发展至今，经历了红利期、成长期、蓄能期，其发展动因主要有以下六个。

（1）提升用户体验的必然趋势。从传统电商的自助搜索到直播电商的实时导购，直播电商实现了购物过程的及时性，增强了互动性。主播利用自己的专业知识帮用户挑选好的商品，为用户节省了购物时间，并使用户以更优惠的价格购得商品，进而提升用户总体的购物体验。

（2）电商平台流量红利趋弱。由于网购用户数量增速降低，用户花在移动购物上的时间占比减少，传统电商平台需要通过社交内容化去解决用户黏性、留存的难题。直播平台是解决上述问题的一个新途径，是未来流量红利的主要聚集点。

（3）内容平台新商业变现模式。以抖音、快手为代表的短视频、直播平台迅速发展，对移动时代用户具有巨大的吸引力。除广告和打赏外，流量转向电商变现，是短视频、直播平台等内容平台的新商业变现模式探索。

（4）5G 等新一代信息技术奠定基础。随着 5G 手机、5G 基础设施的建设和普及，AR/VR 技术的发展，直播电商这种新的消费模式开始兴起并不断升级。5G 技术“高带宽”“低延时”“连接广”的三大特性使直播体验发生极大的改变，由于带宽的增加，用户的视觉体验感增强，而低延时和多人连接将使用户的参与感、互动感得到极大提升，后续品牌商还会根据 5G 的特性开发新的内容和玩法，5G 技术将在直播行业占据重要地位。

（5）完善的供应链助力直播电商发展。直播电商其实早已出现，而在2019年迎来大爆发得益于传统供应链效率的极大提升，主播不需要管理采购、生产、仓储物流等一系列问题，只需要将直播间所产生的订单发给商家即可，这打通了上、中、下游的全产业链，将直播电商的影响力发挥到极致。

（6）受新冠肺炎疫情影响，线上消费需求激增。2020年伊始，新冠肺炎疫情爆发，受新冠肺炎疫情影响，一方面，大部分人隔离在家，线上娱乐和购物次数增多，直播电商行业得到了迅速发展。另一方面，世界格局逐渐发生重大变化，线下业务转型到线上业务的趋势逐渐明显，被迫放缓的线下市场逐渐发现，通过直播的方式可以带来巨大的流量增量。

1.1.4 直播电商的商业价值

直播不但可以帮助企业高效获取精准用户，而且可以有效提高销售效率。直播电商有着独特的商业价值。

1. 直播已成为企业建设品牌的有效路径

随着新媒体营销时代的到来，视频化成为主流，用户的阅读习惯已发生变化。随着Wi-Fi的普及、宽带费用的下降，更为丰富且生动的直播、短视频获得更多用户的青睐，用户更愿意通过直播、短视频来了解和获取更多的信息。

在“媒体视频化”的趋势下，直播替代传统的录像、图文记录，成为更多企业的选择。在直播页添加企业产品信息、活动图文介绍、视频等资料，用户不但能够与企业实时对话，而且也加深了对企业品牌的印象，直播已成为企业建设品牌的必要路径。

2. 直播可帮助企业高效获取精准用户

企业品牌营销的目的是发现或挖掘用户需求，让用户了解企业的产品，并最终形成用户消费黏性，直播帮助企业高效获取精准用户的途径如下。

（1）通过KOL获取精准客群

关键意见领袖（Key Opinion Leader，KOL）是营销学上的概念，通常被定义为：拥有更多、更准确的产品信息，且为相关群体所接受或信任，并对该群体的购买行为有较大影响力的人。

直播是主播KOL以其品味、知识为主导，进行产品选款和视觉、知识推广，在社交媒体上聚集人气，依托庞大的“粉丝”群体进行精准营销，从而将“粉丝”

转化为购买力的过程。

在广度上，主播 KOL 通过其在“粉丝”中的影响力，帮助企业提高产品的客群覆盖范围，帮助企业品牌产品实现“获客拉新”。

在精度上，主播 KOL 凭借独特的个性特征都有各自的“粉丝”群体，企业通过配对合适的主播 KOL，并设计针对性的营销内容，能够更加精准地实现定位客群营销。

（2）直播 IP 的打造和积累

IP 其实就是“知识产权”（Intellectual Property），是文化积累到一定量级后所输出的精华，具备完整的世界观、价值观以及“粉丝”群，能与人们产生文化与情感上的共鸣。

企业打造 IP，通俗来说就是打造有影响力的个人或品牌。在直播过程中，用户对产品的转化动力，更多来自于对主播本人的信任。优秀的主播几乎最终都会走向 IP 化的道路，直播帮助企业建立起来的主播人设 IP，就是企业所拥有的品牌资产，可帮助企业完成精准用户的获取。

3．直播可有效提高企业销售效率

对企业而言，直播工具由于实时性强、内容互动性强、“粉丝”黏度高的优势，不仅能为企业带来“粉丝”量级的增长，还可带来高效的变现渠道。

（1）直播可有效提高企业渠道效率，加强与消费者的沟通

产品销售是直播电商的最终目的，高效率的销售渠道也是企业的重要竞争优势。从渠道搭建的过程来看（见图 1-8），速度是获取渠道效率的基础，正确的信息是渠道效率的保障。与传统电商相比，企业可以直接通过主播触达消费者，减少了中间环节和渠道成本，并能够借助主播与消费者强化互动，更好地了解消费者真实的诉求，通过缩短供应链，简化渠道与人的相互作用，有效提高了渠道效率。

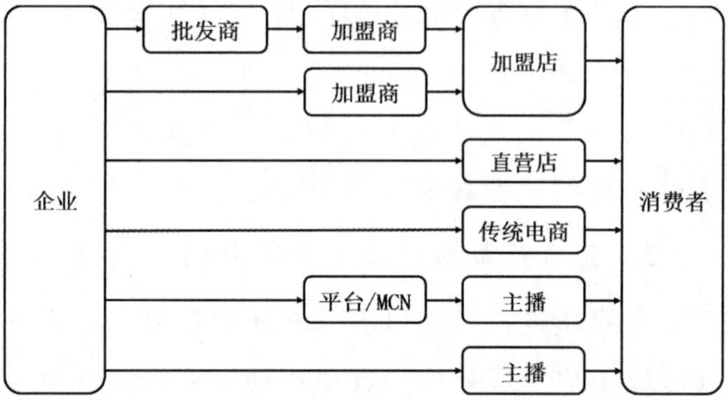

图 1-8　企业直播电商供应链

（2）直播可有效提高产品销售转化效率

直播通过现场互动的方式刺激用户在观看过程中直接购买，在通常情况下，

“粉丝”多的主播能够为用户获取更大的产品优惠力度，用户也更容易进行冲动消费。此外，主播借其强大的内容营销能力，通过理念传递和消费习惯培养，进一步刺激用户产生购买产品的欲望，并持续地进行复购。

课间案例

李子柒个人IP背后的“爆红”逻辑

2019 年，李子柒这个在网上“吸粉”无数的四川女孩终于走进了主流媒体的视野。3 年磨一剑，李子柒用了 3 年的时间打造自己的个人 IP，最终收获了巨大的流量和品牌效应，在品牌的红利期变现。

（1）从农村姑娘到个人品牌的 IP 化。“李家有女，人称子柒。”这是李子柒的自我介绍。2016 年短视频创业兴起之时，各类短视频遍地开花，在大多数人拼段子、拼搞笑的大市场环境下，一匹不走寻常路的黑马——李子柒突然杀了出来。李子柒像一股清流，在激烈的短视频竞争中脱颖而出，基于对既有乡土生活的积淀，以美食文化为主线，围绕衣、食、住、行 4 个方面来诠释中国人真实且古朴的传统生活。

优质内容引流，强烈的知识产权意识，高端化产品路线，不断给其个人品牌的打造加码。李子柒的成功路径描绘了一个网红从精准的定位，到和电商做整合，再到逐步品牌化的逻辑链条。

（2）优质内容的精准化定位。李子柒的爆红更多的是建立在对中国城乡分离的二元社会极具流动性现状的深刻洞察基础之上。这一社会现状下的都市人，对山水田园式的传统社会慢生活充满了渴望，但又不得不困于当下的快节奏生活之中。基于此，在内容层面，她以中国传统美食文化为主线，围绕中国农家的衣、食、住、行进行了细致化的描摹与展现。

她以一种日常化的基调，满足了现代都市人对于田园牧歌的向往——远离城市的纷纷扰扰，正是这种回归与宁静让她“吸粉”无数。李子柒正是借助这样一种记录生活、表达自我的介质，与大众产生深度关联，持续加深了大众对她个人品牌的好感与记忆。她立足于深层次的大众情感洞察，将现代人对“田园生活的向往”与“现实”巧妙联系起来，以返璞归真治愈倦怠心灵的方式获得了大众的深度认同。

（3）团队加持与流量扶持。一个成熟的有价值的网红背后往往是有一定的支持系统的，只有通过一系列像名人一样的包装和支撑体系，她才能红得持续，而不是红极一时。“李子柒”作为移动社交媒体时代发展的产物，可以被认为是一种商业网红符号，也自有其网红经济的发展模式。

1.2 直播电商的产业链

直播电商的产业链由品牌商、MCN 机构、主播、消费者、直播电商平台等构成（见图 1-9），这节将对直播电商的产业链做详细介绍。

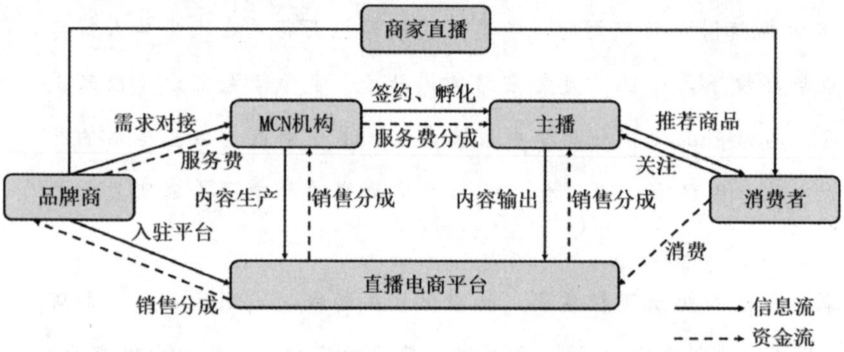

图 1-9 直播电商的产业链

扫一扫看微课：

微课 1-4

1.2.1 品牌商

在直播电商产业链中，品牌商作为供应方位于上游。品牌商入驻直播电商平台，基于平台的大流量，通过与 MCN 机构、主播的合作，品牌商可以提高其渠道效率和销售转化效率，建设品牌形象，维护与消费者的关系。

1. 品牌商开展直播电商活动的主播选择

品牌商开展直播电商活动，选择主播的方式有两种。

（1）通过 MCN 机构对接主播。这种方式的优点是 MCN 机构可以根据品牌商的需求匹配合适的主播，并提供一整套的解决方案，但缺点是所支付的服务费和销售分成较高，成本较多。

（2）商家自播，即品牌商自行开展直播电商活动。这种方式包括企业自己培养主播、入驻平台、管理用户、提高流量等活动，对品牌商的资源整合运营能力要求较高，但这种方式的优势突出，主播一般是企业内部的员工，更了解商品，成本比较低，能更有效地经营与消费者的关系，是一种可持续发展的方式。

2. 品牌商开展直播电商的直播策略

对品牌商来说，通过直播可以提高品牌影响力，为线上店铺引流，品牌商的直播策略有以下两种。

（1）品牌推广：通过大数据精准筛选直播人群、匹配主播，集中带货一两款具有热卖效应的单品，快速形成好的市场口碑，再切入电商矩阵和传播矩阵以撬动更大的市场。

（2）去库存：通过多场直播，以较低价格快速促销一些长期积压的库存商品。如果能够将过去的分级经销商转化为主播队伍，再结合社交电商，那么每位主播本身就可以压货和垫付资金，可进一步加速去库存。

1.2.2 MCN 机构

MCN 机构最初是从 YouTube 上衍生出来的，可以将其理解为 YouTube 平台上的内容创作者和平台之间的中介。

在国内，MCN 机构随着短视频行业、直播行业的发展，实现了爆发式的增长。专业的 MCN 机构涵盖的工作包括网红的筛选和孵化、内容的开发、内容平台技术性支持、持续性的创意输出、用户的管理、平台资源对接、活动运营、商业变现等繁杂的工作。

在直播电商产业链中，MCN 机构在确定品牌商及自身需求后，对已有资源进行分配，并将任务发放至签约主播，之后再通过自身流量渠道进行推广，从品牌商提供的服务费、平台提供的销售分成以及消费者的相关消费中获得收入。

MCN 机构为品牌商匹配符合其需求的主播并提供渠道资源支持，为主播选题、组织内容生产、拍摄、剪辑等阶段提供专业、高效的支持，为直播电商平台提供丰富的优质内容以构建更完善的内容生态。总的来说，通过 MCN 机构，直播电商整体商业模式可以得到有效的优化。

1.2.3 主播

在直播电商产业链中，主播基于直播平台面向消费者进行直播，在直播过程中推荐、销售商品，可以通过 MCN 机构对接品牌商或直接对接品牌商获得服务费和平台的销售分成。

主播是传统商业导购人员的升级版，是品牌商开展营销推广活动的重要角色。在广度上，主播凭借其专业的知识、强大的导购能力提高其在消费者中的影响力，帮助品牌商扩大客群覆盖范围。在精度上，主播凭借独特的个性特征与个人魅力一般都拥有喜好鲜明的消费者“粉丝”群体，品牌商通过配对合适的主播，并设计有针对性的营销内容，能够更加精准地实现定位客群营销。

主播按照身份和等级两种标准可进行不同的分类。

1. 按主播身份分类

主播按身份可分为以下四类（见图 1-10）。

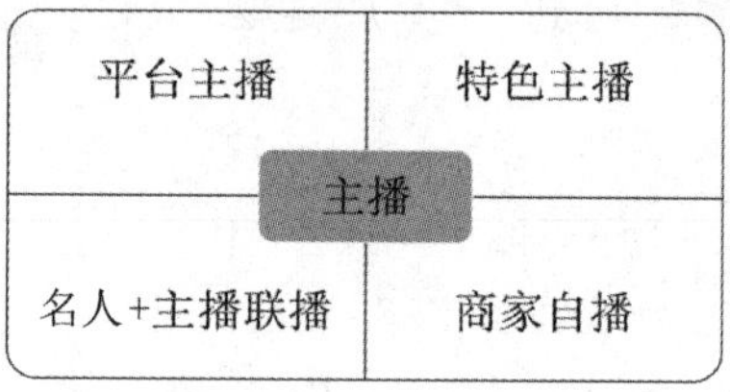

图 1-10　按主播身份分类

（1）平台主播：入驻直播平台、有一定直播经验，集中于某一领域或全品类带货，直播带货能力相对较强，如李×琦。

（2）名人+主播联播：名人进入主播直播间后，主播的导购、销售能力结合名人的流量、影响力，分别作用于商品的“量”与“价”，如刘涛进入李×琦的直播间做客。

（3）特色主播：不具有直播经验，但因某种特定的身份而具有一定影响力，如某农产品产地县长、某品牌总裁等，特殊的身份背书会加强消费者对商品的信任度。

（4）商家自播：品牌商工作人员开直播进行商品推荐，对商品和品牌比较熟悉，介绍较为专业，这种类型的直播推荐的商品品类有限。

2. 按主播等级分类

以淘宝直播为例，主播分级涉及的维度包括：直播场次、直播时长、平台活动完成率、“粉丝”留存率等。主播分为 3 个级别：TOP 主播、腰部主播、新进主播，如图 1-11 所示。

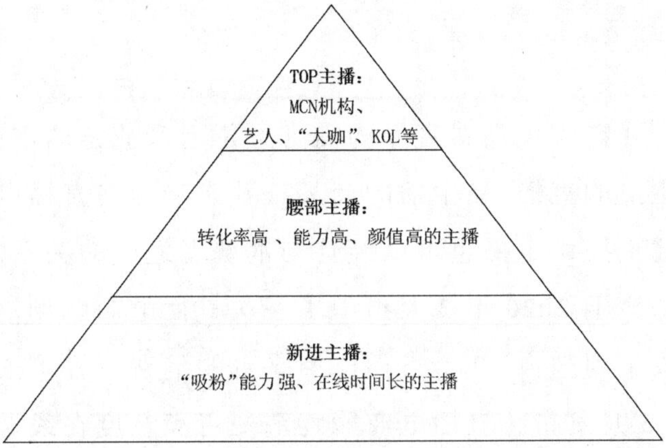

图 1-11　淘宝主播分级运营

课间案例

11位县长直播带货，百万“老铁”围观，销售千万滞销农产品

2020年，面对新冠肺炎疫情带来的严峻挑战，农产品流通、销售受到极大限制，农民辛苦耕作产出的农产品面临滞销的困境。为支持疫情影响下生鲜农产品“保稳供应”，快手推出“全民战疫，携‘手’助农”活动，从多个层面帮助农户和企业销售产品，让消费更有温度，促进农业稳定可持续产销。

自2020年3月3日开始，来自河北、广西、山东、河南、新疆、陕西、辽宁等多个地区的11位副县长、县领导，在快手披挂上阵，加入直播带货的大军，通过各种方式推销当地农产品，获得快手上百万“老铁”的围观点赞。

据了解，此次活动是快手#携手助农#活动的第三期，主题为“百城县长直播助力”。本次活动在国家广播电视总局网络司的指导下，由快手电商和快手扶贫共同发起。快手邀请了来自全国不同地区的11位副县长、县领导及多位快手电商“大V”，在2020年的3月3日至3月10日每天下午和晚上的黄金时段进行直播，并在3月8日晚8点至9点期间，联动9位县长同时上线，展开多链路直播。

同时，快手端内上线“百城县长 直播助农”活动专区。活动期间，快手将对应每位县长匹配“爱美食的猫妹妹”“诺爸一点点学厨艺”“李宣卓”“龙团胜雪”“彩云海鲜”“老狗”“二子爷”“巧姐姐”等诸多千万“粉丝”量级以上的爱心主播进行连麦互动，同时还提供流量支持，助力滞销生鲜农产品销售。

此次县长们利用直播进行销售，突破了往日人们印象中严肃刻板的官员形象。这种反差不但带来更容易吸引网友关注的效果，而且也能让网友深切地感受到领导们的亲近与真诚，能够让大家愿意为滞销农产品的销售贡献自己的一份力。

1.2.4 消费者

在直播电商产业链中，消费者作为需求方位于产业链的下游。消费者进入直播电商平台观看主播的直播,受主播的商品推荐影响而在直播电商平台进行消费，同时还可能会关注主播，主播也可以经营与消费者之间的关系。

中国消费者协会于 2020 年 2 月组织了一次直播电商购物消费者满意度调查，这次在线调查共收集到来自 12 个直播电商平台的消费者样本 5 333 份。中国消费者协会于 2020 年 3 月发布《直播电商购物消费者满意度在线调查报告》，指出消费者的直播电商购物行为如下。

（1）超半数消费者购物频率在每月一次及以上。从常用人群的购物频率来看：每月一次及以上的占比为 55.2%；每 1～3 个月消费一次的占比为 35.6%；每 4～6 个月消费一次的占比为 6.5%；每半年消费一次的占比为 2.7%。从数据反映的趋势来看，消费者在 3 个月内购物一次及以上的占比为 90.8%，这说明消费者持续观看直播后尝试购物的可能性是逐渐增加的。

（2）从直播购物品类偏好来看，消费者在直播电商平台购买的品类大多为服装、日用百货、美食、美妆，其中选择服装的消费者最多，占比 63.6%（见图 1-12）。

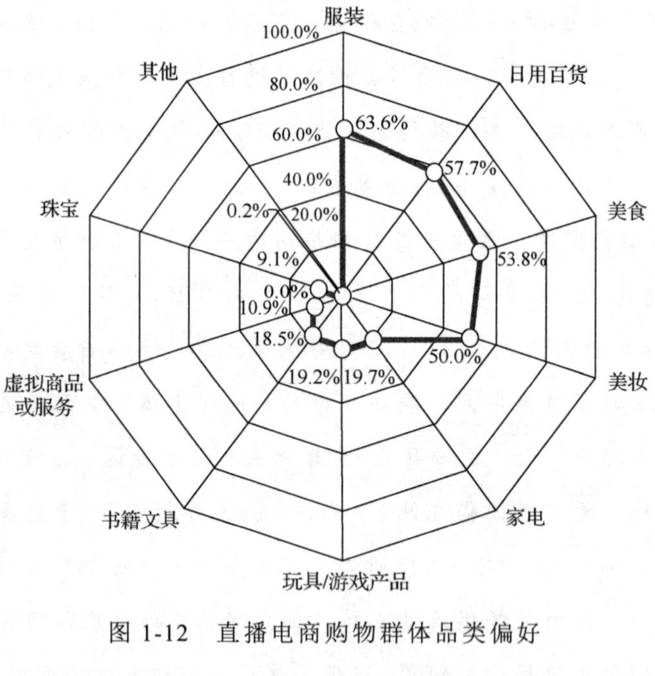

图 1-12 直播电商购物群体品类偏好

（3）观看直播的主要原因是了解商品信息。调查数据显示，消费者选择观看直播最主要的原因是通过直播了解某一商品的详细信息和商家做活动的优惠信息，分别占比为 49.5%和 47.5%。约 25%的受访者表示观看直播是因为无聊，想要打发一些时间。直播电商购物人群驱动因素如图 1-13 所示。

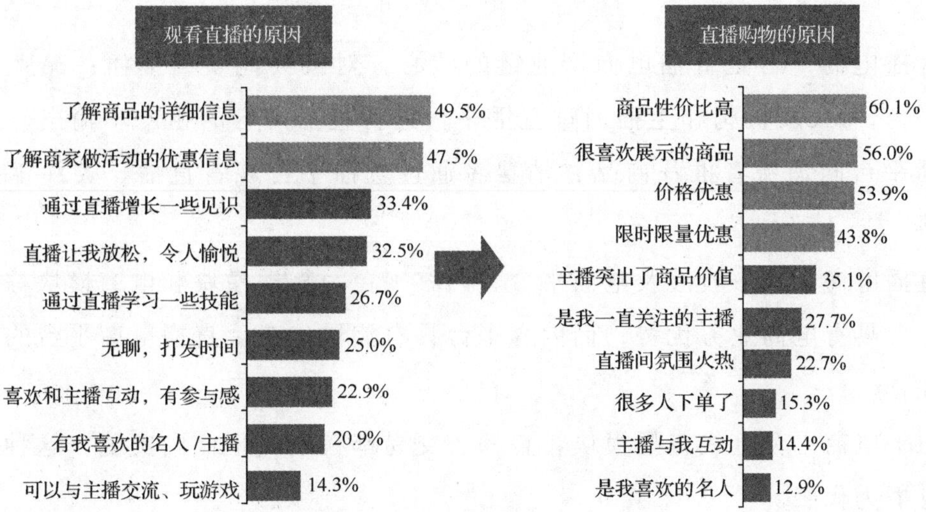

图 1-13　直播电商购物人群驱动因素

（4）商品性价比和喜欢程度是影响购物决策的关键因素。消费者通过观看直播转而购物的原因很多，排在前四位的是商品性价比高（60.1%）、很喜欢展示的商品（56.0%）、价格优惠（53.9%）、限时限量优惠（43.8%）。总体来看，能够吸引消费者决定购物的主要原因还是商品本身的性价比和价格优惠程度。

（5）“担心商品质量没有保障”和“担心售后问题”是消费者的两大主要顾虑。虽然有很多消费者选择直播电商是比较看重商品的性价比和价格优惠，但是也有一部分消费者并不喜欢使用直播电商购物，主要是因为消费者担心商品质量没有保障和担心售后问题，分别占比 60.5%和 44.8%。消费者没有使用直播电商购物的原因如图 1-14 所示。

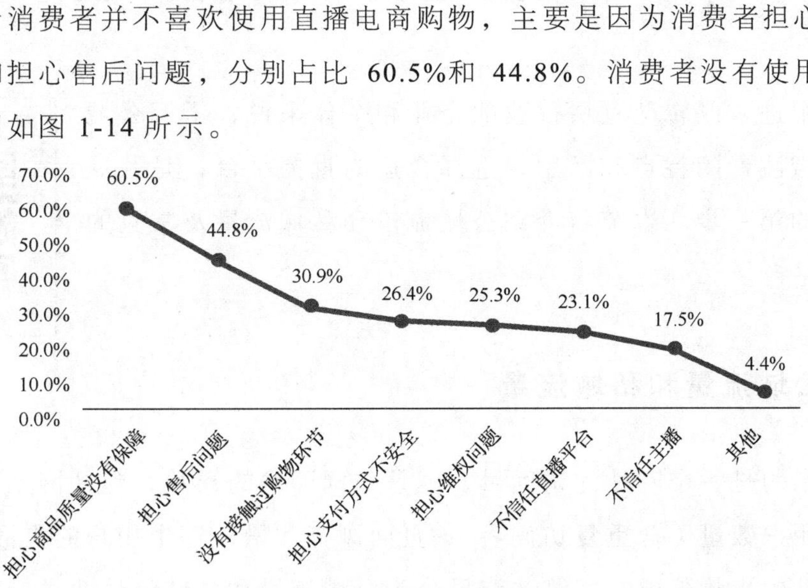

图 1-14　消费者没有使用直播电商购物的原因

1.2.5 直播电商平台

直播电商平台是直播电商产业链的核心，对接其他参与主体：品牌商入驻直播平台，MCN 机构和主播通过直播平台进行直播内容的生产和输出，主播通过直播平台向消费者推荐商品，消费者通过直播平台观看直播、关注主播、进行消费。

直播电商平台一般涉及电商平台、内容平台、直播模块和电商模块等主体，电商平台具有电商业务优势，而内容平台具有流量优势。直播电商平台的组成方式有 3 种。

（1）电商平台上线直播模块，直播、交易都在电商平台内实现，这种方式以淘宝直播为代表。

（2）内容平台上线直播模块，直播在内容平台内实现，但是交易会跳转到电商平台实现，这种情况下电商平台会向内容平台支付较高比例的佣金。

（3）内容平台除了上线直播模块，同时上线电商模块，使得直播和交易都在内容平台内实现，如快手电商、抖音小店。

1.3 直播电商平台的分析

对于刚进入或转型直播行业的企业和个体来说，了解公域流量和私域流量的特点和区别，选择合适的直播平台，是开展直播电商的第一步。本节将介绍公域流量和私域流量及常见的直播电商平台。

扫一扫看微课：

微课 1-5

1.3.1 公域流量和私域流量

流量指的是一个网站的访问量，就是访问网站的人数，包括网站的独立用户数量、总用户数量（含重复访问者）、页面浏览数量、每个用户的页面浏览数量、用户在网站的平均停留时间等。流量分为公域流量和私域流量两类。

1. 公域流量的概念

公域流量，也叫平台流量，它不属于单一个体，而是被集体所共有的流量，是商家通过淘宝、京东、拼多多等平台进行销售所获取的流量。这一类平台的特点是，流量是属于各个平台的，商家入驻后通过搜索优化、参加活动、花费推广以及使用促销活动等方式来获得客户和提高成交量。

公域流量直播的一般形式就是依托第三方平台的直播。商家或品牌自己没有建立相关的用户链接，没有自己的私域流量池，需要借助第三方的流量资源完成直播。

对于商家而言，一方面，依靠平台获取流量，商家不能完全掌控自身的流量分发，流量获取靠付费，流量成本较高；另一方面，一般平台都会把客户、交易相关数据当作核心资产，不会完全共享给商家，商家无法掌控交易的所有数据。公域流量模式存在的问题，催生了商家对私域流量的需求。

2. 私域流量的概念

私域流量是相对于公域流量来说的概念，是指不用付费，便可以在任意时间、任意频次，直接触达用户的渠道，如自媒体、用户群、微信号等，是一个社交电商领域的概念。私域流量的流量转化效率高，通过更便捷、更低成本的触达和运营，可以使一定量的流量获得更高的收入。

私域流量直播的一般形式就是商家或品牌已经建立相关的用户链接，用 App、小程序、微信群等方式建立了用户链接，形成了基于链接的私域流量池，在这样的基础上，企业就可以基于自己的私域流量池进行直播。

例如，步步高近几年借助小程序、微信群建立起来的顾客链接，通过数字化链接起约 2 000 万数字化会员，形成了以私域流量为主导的直播模式。

小贴士

流量就像鱼，如果我们想要吃鱼，那么就要自己建鱼塘养鱼，想什么时候吃就什么时候吃；或者去大海或大河里捕捞，运气好的话可能有鱼吃，运气不好的话，就算把网抛完，也不可能闻到鱼腥味。其中，自建鱼塘就相当于是私域流量，在大海或大河里捕捞就相当于是公域流量。

3. 公域流量和私域流量的对比分析

（1）优势与劣势对比分析

公域流量和私域流量有各自的优势与劣势，表 1-1 所示是公域流量和私域流量的对比分析。

表 1-1　公域流量和私域流量的对比分析

流量类型	优势	劣势
公域流量	① 受众面广，可将品牌快速宣传到各受众人群，形成广而告之的效应； ② 持久化冲击消费者记忆，有助于塑造品牌形象； ③ 保持品牌活跃度和竞争规模，提高品牌存活时间	① 商家不能完全掌控自身的流量分发，流量始终属于平台，企业只能跟随平台的发展规律顺势而为； ② 每次使用流量需支付高昂的费用，商家的获客与转化成本高
私域流量	① 使用流量无须付费，而且可以反复使用，获客与转化成本低； ② 企业可以随意触达精准消费客群； ③ 与用户深度互动，可进行深度渗透，有助于建立深厚的品牌情感	对商家的运营能力要求较高，包括私域流量的获取与运营等

（2）运营逻辑对比分析

公域流量和私域流量的运营逻辑如图 1-15 所示，总体来说，公域流量应该越做越小，发展成企业自身的私域流量，而私域流量应该越做越大，形成裂变，扩大企业的影响力范围。

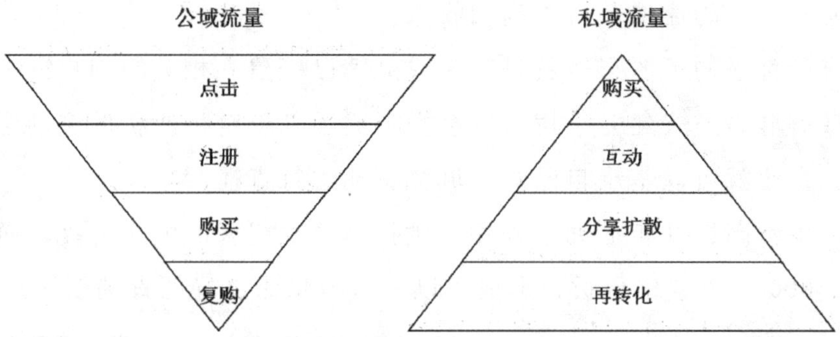

图 1-15　公域流量和私域流量的运营逻辑

1.3.2　直播电商平台的差异分析

对企业来说，基于企业的产品特性、营销目标和发展特点选择合适的直播平台尤为重要。2020 年 4 月，Trustdata 发布《2020 年 3 月移动互联网全行业排行榜》，罗列了各大直播电商平台的月活跃用户数量和增长指数。现依据月活跃用户数量将各直播平台分成三大梯队，并简单分析其直播属性（见表 1-2）。

表 1-2　直播电商平台

梯队	直播平台	月活跃用户数量	直播属性
一	淘宝	69 918 万	商家、主播带货
	抖音	46 918 万	网红主播娱乐、带货
	快手	26 853 万	网红主播娱乐、带货
二	微博	28 860 万	KOL、网红主播娱乐、带货
	拼多多	25 216 万	商家店铺带货
	西瓜视频	14 045 万	达人带货
	京东	8 781 万	名人、KOL、商家店铺带货
	小红书	5 354 万	名人、KOL 带货
	哔哩哔哩	4 491 万	UP 主带货
三	虎牙直播	3 316 万	游戏直播互动为主
	花椒直播	2 929 万	生活内容分享为主
	斗鱼直播	2 666 万	游戏直播互动为主
	YY	2 372 万	游戏直播互动为主
	苏宁易购	945 万	商家店铺带货
	蘑菇街	243 万	买手带货，女性为主

第一梯队直播电商平台分别是：淘宝直播，是阿里系的代表；抖音，是头条系的代表；快手，是腾讯系的代表。下面对这 3 个不同派系的平台的特征进行对比分析（见表 1-3）。

表 1-3　直播电商平台对比分析

直播平台	快手	抖音	淘宝直播
直播派系	腾讯系	头条系	阿里系
流量来源	私域流量	公域流量	公域流量
月活跃用户数量	2.68 亿	4.69 亿	6.99 亿
平台属性	社交+内容	内容	电商
直播属性	网红主播娱乐、带货	网红主播娱乐、带货	商家、主播带货
头部主播	散打哥、老方丈	老罗、牛肉哥	李×琦
产品品类	以食品、生活用品、服装等非品牌低价商品为主	以服装、美妆等品牌商品为主	淘宝体系内全品类
用户特性	以下沉市场为主	以都市青年为主	多以一二线城市为主，对四五线城市的下沉市场也有覆盖

1.3.3 常见的直播电商平台

下面我们将详细介绍常见的直播电商平台。依据月活跃用户数量，常见的直播电商平台包括快手、抖音和淘宝直播。

1. 快手

快手是北京快手科技有限公司旗下的产品。快手的前身为“GIF 快手”，诞生于 2011 年 3 月，最初是一款用来制作、分享 GIF 图片的手机应用。2012 年 11 月，快手从纯粹的工具应用转型为短视频社区，成为用户记录和分享生产、生活的平台。随着 2016 年短视频行业的快速发展，快手迅速占领市场高位。据数据统计，快手 2020 年 3 月活跃用户数为 2.68 亿。

（1）快手的流量逻辑

快手基于“社交+兴趣”的逻辑进行内容推荐，运用“技术驱动的分发机制”，将“粉丝”数量被赋予的权重降低，加大了视频质量的权重，如此视频只要质量高，受到足够数量的用户点击就能够登上快手的推荐页。快手的弱运营管控直接“链接”内容创作者与“粉丝”，增强双方黏性，沉淀私域流量，诞生了信任度较高的“老铁关系”。图 1-16 所示为快手的流量逻辑。

图 1-16 快手的流量逻辑

（2）快手直播电商的发展现状

快手开始布局直播电商的时间早于抖音，晚于淘宝，但是却比淘宝更早获得收益，高峰时期成交金额以亿元计，涉足 20 多个垂直细分领域的 6 000 多个账号。图 1-17 所示是快手直播电商自 2018 年以来的发展历程。

快手深耕下沉市场，“小镇中青年”对快手的成交总额贡献巨大。快手与淘宝、有赞、魔筷等电商平台合作，通过收取佣金或者订单抽成获利。快手基于强社交信任关系驱动，其“粉丝”质量与私域流量控制力最强，快手的“粉丝”具有极强的黏性和互动性，快手可以通过优质内容推送快速触达用户，进行用户沉淀，积累“粉丝”，最终实现电商变现。

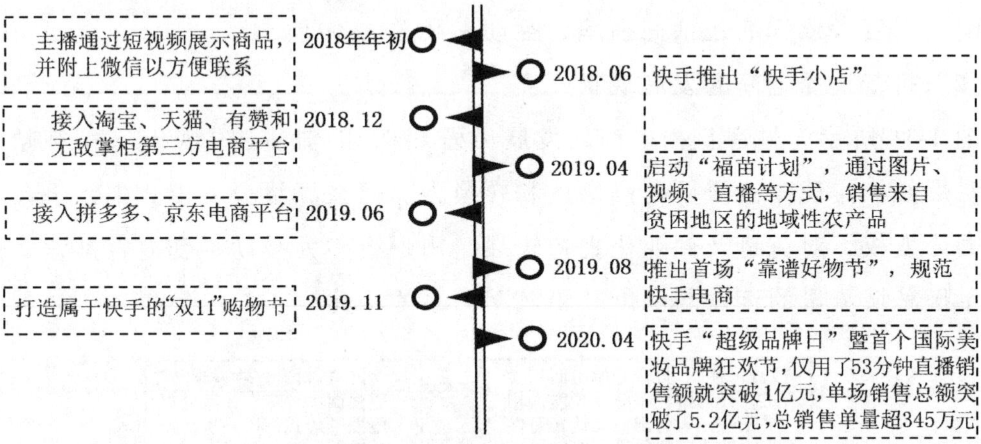

图 1-17　快手直播电商自 2018 年以来的发展历程

2. 抖音

抖音是一款音乐创意短视频社交软件，由今日头条孵化，该软件于 2016 年 9 月上线，是一个专注年轻人音乐短视频的社区平台。用户可以通过这款软件选择歌曲，拍摄音乐短视频，形成自己的作品，平台会根据用户的爱好更新用户喜爱的视频。据数据统计，抖音 2020 年 3 月活跃用户数为 4.69 亿，用户数量迅猛增长。

（1）抖音的流量逻辑

抖音以“内容”为主要的流量分发逻辑，作为区别于搜索和社交的信息推荐模型，将内容和用户进行匹配。通过系统进行精准推荐是其推荐算法的核心。抖音的流量逻辑如图 1-18 所示。

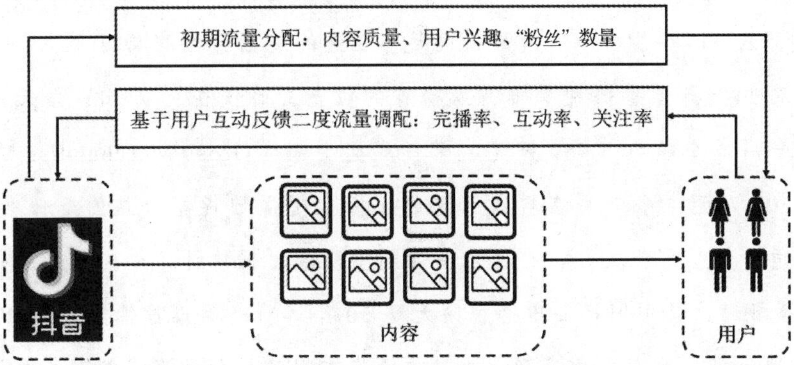

图 1-18　抖音的流量逻辑

抖音的流量初期分配主要依据内容质量、用户兴趣和创作者“粉丝”数量，其中内容质量维度包括类别、领域、播放量、评论数、转发数等，用户兴趣包括兴趣、职业、年龄、性别、地点等。然后，抖音基于用户的互动反馈进行二度流量调配。二度考核标准包括完播率、互动率和关注率等。

（2）抖音直播电商的发展现状

图 1-19 所示为抖音直播电商的发展历程，抖音的流量逻辑使其头部视频的商品容易爆红，实现高流量下的高触达和转换力。但在算法分发模式中，平台掌握信息的分发权，对流量及商业化把控较强，用户更多为被动接受内容推荐，这不利于主播私域流量的运营与深度“粉丝”关系的构建。

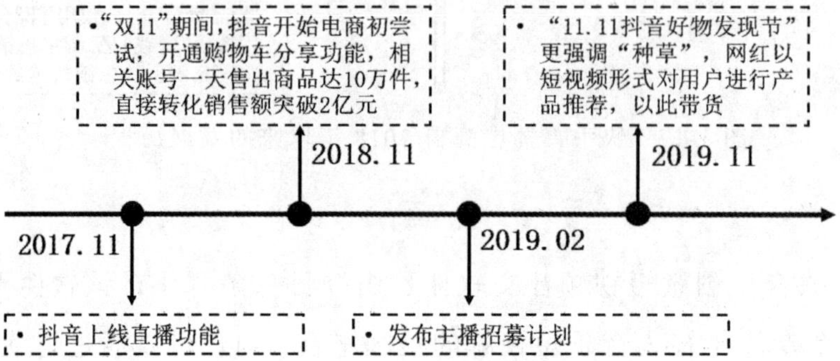

图 1-19　抖音直播电商的发展历程

课间案例

牛肉哥在抖音崛起，拥有超强带货能力靠的是什么

“找到源头，把××的价格给我打下来！”这是牛肉哥广为人知的一句标志性话语，在他发布的抖音视频中，戴着帽子的牛肉哥总是近乎咆哮似地喊出这句话。在 2019 年“双 11”盛典中，牛肉哥以高达 1.3 亿的直播热度击败了红人“呗呗兔”，夺得了“双 11”抖音直播种草排行榜榜首的位置。而仅在“双 11”当天，牛肉哥自营电商全网成交额为 3 450 万元，带货成交金额（Gross Merchandise Volume，GMV）6 500 万元。牛肉哥在抖音上崛起，拥有超强带货能力靠的是什么？

（1）用“量”累积关注，打造电商导购型账号。据统计，牛肉哥平均每天会发布四五十条视频，其中旧产品重播视频大概 30 个，新产品推荐视频大约 20 个。从 2019 年 3 月开始，视频的内容形式也基本固定在以场景化的形式简明扼要地向用户推荐性价比高的各种产品，并在视频末尾引导用户留言，以此来满足消费者对于产品的需求。牛肉哥本质上并不是以内容作为核心的驱动力，而是希望用户进入其账号主页后就如同在逛杂货铺一般，不管是在哪个时间点都可以看到正在销售的商品。其通过高频率、大面积的量产短视频多次反复触达，以此来产生大量的长尾销量。

（2）选择合适品类，激发消费者需求。2018年，凭借着“煎牛排要封边”“牛排不要洗，因为自来水脏”等争议性视频，牛肉哥打破了传统市场上调理牛排占领天下的局面，引入了进口原切牛排，并创造了非常可观的销售佳绩。而现在，牛肉哥涉足的品类不再局限于牛肉，红酒、衣服、裤子、手表、首饰、美妆，甚至奢侈品等品类逐步出现在牛肉哥的“杂货铺”中。

（3）薄利多销——“把价格打下来”的本质。在牛肉哥看来，“找到源头、薄利多销”是其营销的本质。那么，牛肉哥是如何把价格打下来的呢？在接受其他媒体采访时，牛肉哥曾透露过自己实现低价的3个路径：①跳过中间商，亲自到源头采购，通过抖音这些自媒体把流量成本降低，然后把价格打下来；②给平台带流量，让平台降低产品价格；③品牌补贴，服务品宣传需求。这种近似于“扒行业底裤”的做法塑造了牛肉哥的“供应链”人设，即拥有丰富的供应链资源，能到源头采买，“把价格打下来”。虽然这种做法在相关行业内部引起了诸多不满和质疑，但却很容易在消费者当中建立起信任感。

未来，还有哪些产品的价格会被牛肉哥“打”下来，以及牛肉哥还能创造怎样的带货奇观？一切都还是未知数。

3. 淘宝直播

淘宝为目前发展直播电商模式最为成熟的平台，主要分为达人带货和商家自播，90%直播场次和70%成交额来自商家自播。淘宝直播进店转化率超60%，但退货率也较高。据数据统计，淘宝2020年3月活跃用户数为6.99亿，用户基数庞大，但应用社交属性较低。

淘宝直播的产生是基于整个淘宝平台的，所以淘宝用户在适当的引导下都有可能成为淘宝直播的用户。用户在淘宝直播中购物需求相对明确，所以用户在使用淘宝直播时，是想更具体、更有针对性地了解某产品。

（1）淘宝直播的流量逻辑

淘宝直播平台的流量分配评判原则会参考内容建设，内容建设的评判标准包括内容能见度、内容吸引度、内容引导力、内容获客力、内容“转粉”力（见表1-4）。

表1-4　内容建设的评判标准

评判标准	评判标准内涵	考察内容
内容能见度	内容所能覆盖消费者的广度越大，被覆盖的人群受众越广，内容能被看见的概率越大	直播的运营能力

续表

评判标准	评判标准内涵	考察内容
内容吸引度	在单位时间内，“粉丝”是否在直播间进行停留、互动、购买	产品构成及主播吸引力
内容引导力	把“粉丝”留住并引导其进店主动了解商品的能力，与内容吸引度息息相关，可依靠主播的话术建设来提升	主播控场、吸引力
内容获客力	代表内容与消费者购买行为产生引导转化的能力，也就是了解产品后进行了购买行为	全面
内容“转粉”力	通过持续性的内容输出，将只是短暂停留的游客变成有目的、停留时间长的铁杆“粉丝”	全面

（2）淘宝直播电商的发展现状

根据淘宝官方公布的数据，2019 年，淘宝直播已积累 4 亿用户。其中，177 位主播年度成交总额破亿元，4 000 万件商品进入直播间，商家同比增长 268%，2019 年全年直播电商成交总额突破 2 000 亿元。其中，2019 年“双 11”预售首日淘宝直播引导成交同比增长了 15 倍，有 1.7 万个品牌在线直播，“双 11”当天淘宝直播带动成交额超 200 亿元。淘宝直播电商的发展历程如图 1-20 所示。

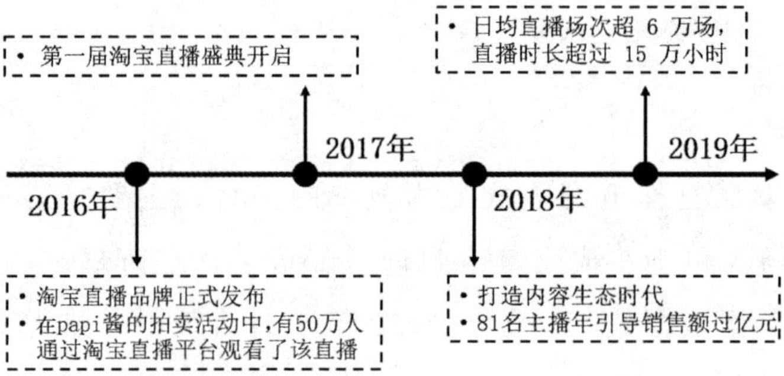

图 1-20　淘宝直播电商的发展历程

总体来说，刚进入直播行业或转型直播行业的企业应该从自身的条件出发选择合适的直播电商平台：企业在既有品牌又有私域流量的情况下，首选快手；企业在既有品牌又有良好的内容能力的条件下，首选抖音；企业在电商基因足够强大、数字化基础足够好时，首选淘宝直播。

归纳与提升

网络直播经历了秀场模式、互动模式和带货模式 3 个阶段，而带货模式就是我们所指的“直播电商”。直播电商是电子商务的衍生模式，是在电子商务环境下使用直播媒介，以促进商品和服务的购买与销售的一种商务模式。区别于传统电商，直播电商“以人为本”，具有实时性、真实性、直观性、互动性和精准性等特性。

直播电商的发展，给企业带来了另一个经营品牌的路径。借助直播的极致效率，企业可以通过经营直播的主播人设，达成“粉丝”积累和商品销售转化，进而实现品牌的建设。直播电商通过缩短供应链，减少中间环节和渠道成本，通过主播直接触达消费者与之沟通，有效提升企业的渠道效率。

对于刚入直播行业的企业来说，认清公域流量和私域流量，选择合适的直播平台，是开展直播电商的第一步。我们通过对比分析各个平台的异同得出：企业在既有品牌又有私域流量的情况下，选择快手直播电商平台价值最大；企业在既有品牌又有良好的内容能力的条件下，选择抖音直播电商平台价值最大；企业在电商基因足够强大、数字化基础足够好时，选择淘宝直播电商平台更合适。

名词解释

秀场模式；互动模式；带货模式；KOL；IP；公域流量；私域流量

复习思考题

1. 网络直播的发展历程是什么？
2. 如何理解直播电商的本质？
3. 直播电商的特征是什么？
4. 直播电商的商业价值是什么？
5. 试简述直播电商的产业链构成。
6. 如何区分 3 个不同的直播派系？

场景实训

为了更好地理解直播电商的概念并掌握相关的基础知识，下面我们将通过一系列实训来进行练习。

【实训目标】

1. 理解直播电商的特性;

2. 掌握各个直播电商平台的差异;

3. 掌握直播电商平台的选择方法。

【实训内容】

分别在快手、抖音、淘宝观看一场电商直播,完成以下内容。

1. 结合直播电商的特征对你所观看的直播进行点评;

2. 结合你所观看的直播,对比各个平台的差异;

3. 谈谈你觉得企业应如何选择直播平台。

【实训要求】

1. 从实时性、真实性、直观性、互动性和精准性这5个方面进行点评;

2. 通过表格对比各个平台的差异。

第 2 章　直播电商的筹划与准备

学习目标

- 理解直播电商定位的步骤
- 了解直播电商的前期准备工作
- 熟悉人设 IP 在直播电商中的作用
- 熟悉有关电商直播流程策划的内容
- 掌握电商直播脚本的主要内容

引例

从22万元到10亿元，直播电商在证明

格力电器董明珠一向以敢作敢为、言语犀利著称。作为一名制造型企业的掌舵人，董明珠一直以遍及全国的专卖店默默地表达着对传统商业的坚守；2020 年上半年，新冠肺炎疫情肆虐，董明珠以直播电商的方式做出了经营方式的重要调整。

2020 年 4 月，董明珠代言格力开启了自己的直播卖货之旅，如图 2-1 所示，用她的话来说，这是“赶潮流”。2020 年 4 月 24 日晚，董明珠的直播首秀因网络环境等原因，过程体验不佳：全网共 431 万人观看，销售额仅 22 万元。相较于前期投入、格力品牌光环、董明珠的个人 IP 来说，首播的成绩并不理想。董明珠在接受记者采访时称：“最好笑的就是那天人家骂死我了，直播完以后我收到了很多责备的消息，但这都出于关心。我觉得太可爱了，他们是发自内心的着急，他们希望你卖多一点，不然也不会给你提意见。”

2020 年 5 月 10 日，董明珠卷土重来，开启第二次直播。这一次，她做足了准备：优化设备、调整网络、充分演练、名人暖场、网红辅播……在充足的筹划与准备后，董明珠的第二场直播非常成功：主推单品成交额破亿元、100 分钟内总成交额破 2 亿元；3 个小时后最终成交额突破 3.1 亿元人民币，超额完成目标任务。

2020 年 5 月 15 日，董明珠在京东开启第 3 次直播。这次的成交额突破 7 亿元，创下了家电行业单场直播销售纪录，网络戏言曰：格力女王变身带货狂人。

图 2-1　格力电器董明珠的直播

3 次直播带货，前后不到一个月的时间，从 22 万元到 3 亿元，再到 7 亿元，在这样一个相对较短的时间内，我们不能假设格力品牌效应或者董明珠的人设 IP 获得了怎样的增长或裂变。可以明确的是，直播者对直播更熟练的掌握、更充分的准备是其快速成长并形成标杆效应的关键要素。

思考题：

1. 格力电器一直非常强调线下渠道。在其直播带货的筹备中，董明珠应如何协调线上线下渠道的关系？

2. 查找资料，分析董明珠为直播做了哪些方面的准备？

工欲善其事，必先利其器。要成功地开展电商直播，必须进行有效的筹划，除了精准定位，还需要充足的人物和场景的前期准备，以及完善的直播流程，这样才可以实现直播电商提高销售转化效率和建设品牌的目的。

2.1　直播电商的定位

扫一扫看微课：

微课 2-1

直播电商的实时性、真实性和直观性等特点，决定了我们在直播过程中需要快速且精准地向用户传递信息并进行实时互动，所以开展直播电商工作必须先找准定位，以保证主播充分理解企业的商业逻辑与商业行为，从而提高直播效果。

第 1 章中讲到了直播电商的达人带货模式，区别于传统搜索型电商，直播电商是主播作为导购，基于专业化知识，针对消费者痛点与痒点进行引导，并借助真实评价、反馈与互动交流提供购买建议，从而促成消费转化。一场成功的直播实际上是一项系统工程，但首先要做的就是精准识别消费者需求，找到消费者痛点与痒点，并从直播内容上寻找差异化的突破点，其主要包括以下4个步骤。

第一步，要深入调研消费者，分析消费者的基本参数，如性别、年龄、职业、收入水平、地理位置等，完成消费者细分，目的在于挑选合适的直播对象，以使直播有的放矢；

第二步，选择最适合所推荐商品的消费者群体，并完成消费者画像，在这个过程中，企业需要解决“6W1H”相关问题，即：哪些人是我们的直播对象、他们需要买什么、为什么买、哪些人参与购买、如何购买、何时购买等问题。这有助于了解消费者的行为特点，帮助主播做出更有效的直播行为，并为供应链等相关人员提供工作依据；

第三步，针对消费者的需求痛点，有效构建直播的看点、直播商品的卖点，提高直播的商业价值。就目前而言，电商直播不仅头部效应强烈，同质化现象也非常严重，多数直播间的定位都围绕着专业性、性价比、货品丰富等关键词，但这些显然已经很难使其在无数竞争者中脱颖而出，甚至应该成为直播间的标配属性。如何打造有趣、有料的直播内容、建立直播间特有的直播调性，打造直播间的核心竞争力，才是需要思考的方向；

第四步，直播电商企业拥有了清晰的市场定位和商业逻辑之后，还需要对其形象及特色进行持续塑造，培养与确认消费者的心理认知，持续强化消费者的认可、支持和偏爱。

2.2 直播电商的前期准备

直播电商的前期准备，包括人物要素、场景要素和其他准备工作。

2.2.1 人物要素

人物是直播内容的第一要素。直播电商的内容输出，包含了直播过程中的视频、图片、文字等的输出，需要呈现观念、品牌、产品、价值等众多内容，依托于直播人员完成展示与呈现。一般来说，主播需要从消费者状态、商品与竞争、卖点、优惠或质保力度等方面入手，最终以演示、互动与激励等手段完成内容输出。尽管内容输出以主播为主体，但辅播和其他运营人员的共同参与、体验营造，也可以提高内容输出的质量，这都需要直播团队的高度配合和对直播过程的高度控制。

1. 主播

在直播电商产业链中，“红人 KOL”是直播的核心载体，品牌商、MCN 机构、内容分发渠道以及数据服务支持方，均围绕主播开展一系列的服务。根据 21 评测实验室调查数据，直播购物消费者冲动消费的比例较高，近半数受访者表示因为被主播的推荐话术所吸引，就忍不住“剁手”了。可见，主播是直播中最为关键、最为重要的人员，也是出镜率最高、最受观众关注的焦点人物。主播的表现最终将在一定程度上决定直播的成败。

① 从职业发展历史来看，主播经历了网络红人、意见领袖（KOL）、IP 化 3 个阶段。早期的主播普遍均在塑造有个性、敢表达、会呈现的形象，通过这些来获取消费者关注；经过一段时间的发展，一批网络红人通过在人际传播网络中为他人提供信息、施加影响强化被关注程度，即致力于成为意见领袖；意见领袖将自身形象与商品相互植入就是主播构建人设、逐渐 IP 化的过程。换而言之，打造 IP 的过程就是通过持续产出个性化的原创内容并且可以通过多个平台进行内容分发从而形成对特定“粉丝”群的直接影响力的过程。此时，直播的变现能力大大提高。主播的人设 IP 化，不仅更方便植入内容，还可以持续开发，从而保证主播的带货能力稳定甚至进一步提高。在 IP 时代，网民对于主播的认识不再局限于搞笑、娱乐等，而更多地关注于分享生活、传授知识、共享经验等。

小贴士

罗×浩的段子与创业情怀、林×轮的专注与敬业等，就是典型的对主播依靠个人 IP 化自带流量的反映。

② 对于主播来说，直播电商对其有一定的要求，这体现在出镜形象、沟通表达能力、决策与应变能力、形象标签及货物象征等方面。

在出镜形象方面，虽然不需要每一个主播都美丽大方，但一个更易被认可、有感染力、开朗大方而善于沟通的出镜形象是绝不可少的。从沟通表达能力来看，主播必须善于沟通，可以与观众形成良好的互动。在决策与应变能力上，主播在出现一些关键且紧急的直播状况时，要能够迅速做出决定。形象标签可以帮助主播建立并获取独特"粉丝"群，它类似于品牌在个人身份上的展现。货物象征是要求主播在带货的同时，首先要能获得足够多的好货，如董明珠可以确保她有最多、最可靠、最优惠价格的格力空调，这是她在直播行业崭露头角的决定性原因。

另外，主播也需要掌握直播工作中的常用技巧，一般在提高互动参与、促销配合与宣传、熟悉自身商品、抗压能力、话术表达、临场应变、持续学习、强化人设等方面要相对优秀。

2. 辅播

直播不同于教师站在讲台上传道、授业、解惑，也不同于新闻发言人端坐台前一丝不苟地、专业地回答问题。直播本质上是一种商业场景的塑造或者颠覆，它通过主播与协助人员完成商品的讲解、演示和与观众的互动。直播需要相关人员一起出现在镜头前帮助完成场景转变，同时还需要实时关注直播平台的关键数据、处理紧急情况。辅播的存在非常必要，他们是直播间的控场人员，对主播起到重大支持作用。

与主播同台出镜的辅播，相当于主播的助理，一般同样擅长于活跃与调节气氛，甚至在后台操控、"粉丝"反馈、数据观测、商品介绍等方面更专业。尤为关键的是，辅播一般还需要善于适当调整主播的一些行为或表达方式、控制直播节奏与进度。

2.2.2 场景要素

直播间的场景就是主播所处的线下直播场景，直接决定了消费者在观看直播时的视觉感观和消费体验，极大地影响着整场直播效率。直播电商的场景要素主要包括设备和直播间布局。

在极端情况下，一部手机也可以完成直播。但更专业的设备与场景布设，可以更有效地提高效率、促进转化、控制过程。直播不受地理位置的限制，其潜在的收看用户数量可能非常大，所以主播最好有高配置的计算机，如选择 i5 以上的处理器、采用独立网线等，避免在直播过程中出现卡顿现象。如果采用手机直播，则最好准备至少两部手机，一部用来直播，另一部用来查看“粉丝”留言，方便与“粉丝”及时互动，同时还要特别注意保持电量。另外，还应该选择更专业的摄像头，保证直播的清晰度，最好能满足自带美颜、特效滤镜、多镜头切换等功能。

直播间布局包括灯光和背景等，一般来说，应该依照明确和简洁两个原则进行布置。“明确”就是直播间要通过文字或图片等直接告诉用户“这个直播是做什么的”，或者告诉新用户“如何参与”；“简洁”即直播间布置应简单明了，直接告诉用户“这个直播间是什么直播间”。我们在布局时需要根据品牌定位和商品特点来做出相应的设计，如灯光的明暗程度、色温色调、背景墙的颜色与风格等。此外，还应该注意直播间的隔音效果、话筒收音效果等。表 2-1 是带货直播物料简表。

表 2-1　带货直播物料简表

序号	物料名称	数量	规格与用途
1	智能手机	4 部	直播手机：前置摄像头 720P 或以上； 商铺手机：用于实时货架操作； 另需一部对外联系的手机，音乐播放手机视情况确定
2	号码卡	2 张	分别用于直播账号登录、商铺账号登录
3	手机支架	2 个	分别用于直播与辅播的手机，高度要适合
4	路由器	1 个	配套网络网速上传带宽不低于 1Mbit/s
5	补光灯	9 个	柔和轨道聚光灯、吊灯、立体射灯多台互相搭配； 环形灯至少 1 个，要求具备补光美颜功能
6	装饰	1 套	室内背景墙（墙布或墙纸均可）； 室内挂件、摆件、花卉盆景、桌椅等
7	播放设备	1 套	移动话筒、支架、耳机、转接线等
8	电源插	若干	备用源插若干
9	货物	若干	出镜、试用货物若干；备用货物、陈列货物若干

2.2.3　其他准备工作

优秀的主播会在直播前进行演练，尤其是在进入直播行业的初期、对涉及的商品或行业不熟悉、直播团队发生改变时，演练是加强直播能力、优化直播流程、提高直播控制能力、完善直播质量的必要前提。播前演练可以提前数天进行，进行整场演练或者关键节点演练（如开播、结束、主推商品推荐等）。当主播对当场主播内容及配合非常有把握时，也可以在开场前进行演练，此时的演练在更大意义上不是寻找提高与优化的可能，而是直播团队的热身、工作场景的测试。

2.3 直播电商的流程策划

扫一扫看微课：

微课 2-2

在直播电商的推动下，企业流量结构重组明显、转化手段改变频繁、品牌力量表现形式更为多样，想要获取直播红利，持续优化直播流程并改进直播流程的各个阶段是提高直播质量的必然要求。

本节的内容主要包括直播活动要点分析、主播人设及直播账号的选择、直播活动预热、直播脚本、直播运营。

2.3.1 活动要点分析

一场直播电商活动要成功，首先要明确直播活动的目的，如是为了销售产品，还是推广品牌、积累“粉丝”。确定了活动目的后，才能决定活动内容，包括直播时间、商品品类、折扣力度、抽奖和红包数量等。然后要合理规划可利用的渠道，包括微信“粉丝”群、QQ“粉丝”群、微博、微信公众号、网站直播平台资源位、广告渠道、新闻媒体和其他付费渠道等。

2.3.2 主播人设及直播账号的选择

主播作为消费者眼中最直观的“直播的代表”，对于直播场面的掌控和与“粉丝”间的互动效果起着决定性的作用。针对直播的内容定位，主播的人设大体可以分为以下三类。

1. 行业专家

直播内容以垂直行业的深度知识展示为主。有些主播是企业创始人或总经理等高管，“BOSS亲自带货”本身就可以帮助企业捆绑热点话题、增加流量，而高管对于整个行业的见解和对于自身企业的认知可以使直播内容更有深度、更为专业，更能吸引其面对的消费群体，从而带动产品销售。

2. 种草达人

直播内容以产品评测的试用及推荐为主。种草达人凭借某个领域的专业知识成为消费KOL，如美妆或数码博主，通过极具针对性的性能或参数介绍，再加上直观的现场展示与体验，能迅速把产品推荐给观众。

小贴士

如果推荐一款粉底液时先分析它的成分，再重点介绍它的保湿性好、质地轻薄等性能，并在模特（可能是辅播）脸上进行试用展示，那么消费者就能迅速认同达人主播的推荐。

3. 跨界玩家

直播内容以生活态度的分享为主。主播一般从生活场景出发自然地过渡到产品的介绍，如城市探店打卡——店铺推荐、生活技巧分享——居家用品等。

在竞争逐渐加剧的前提下，平台也开始进行深入定位，即选什么样的主播、播什么类型的内容、构建何种商业模式与价值空间。此时，平台的选择非常关键。例如，一个受女性关注较多的平台，更适合美妆、母婴、服装、食品等产品的直播，而销售体育器材、户外设备等男性化产品的效果可能不佳。

直播期间使用商家账号还是主播账号应该根据直播平台主播拥有的“粉丝”数量来判定，如果主播自有“粉丝”量较大，就可以直接用主播账号，反之，建议商家自己注册账号直播，在直播过程中可以引导用户关注，沉淀自有“粉丝”，以便于后续宣传推广。

2.3.3 直播活动预热

预热推广是活动开始前的必要环节，可以有效增强消费者记忆。商家可以采用“预约”的方式，即让消费者通过预热活动入口进行预约，在直播开始时提前通知“粉丝”前来观看。

预热的推广渠道和正式活动的推广渠道基本一致，不过，商家针对活动预热的推广素材应重点突出活动福利，包括高价值礼品、超低价产品等，同时要注意促进转发分享，扩大预热推广的覆盖范围，吸引更多的新用户关注。另外，如果主播是知名网红，也可着重强调与其相关的权益，如与“粉丝”连麦隔空对话等，毕竟知名主播的自带流量有时比产品的价格更有优势。

课间案例

知名主播林×轮在进行直播预售前，会制作精美的海报，将那些即将出现在直播间的合作商家一一列出，并且提前放出直播时间和直播产品的预告。除此之外，林×轮还将产品的原价列出，与不完全展示的直播价格进行比较，并对产品涉及的相关知识进行科普，通过这种方式吸引那些希望通过直播获得更优质产品和更多产品优惠的消费者（见图 2-2）。

图 2-2　林×轮直播预告

2.3.4 直播脚本

直播脚本就是直播的剧本，它以一篇稿件为基础，形成直播的工作框架，规范并引导直播有序地推进。在直播过程中，主播在没有脚本的情况下介绍产品容易因信息琐碎造成重点与卖点不突出，或因时间控制不当导致产品介绍时间超时或剩余时间过多等一系列问题。

直播脚本应简练完善，但并不要求其在内容丰富程度、细节完整程度等方面与电影剧本相媲美；同时，对有经验的主播开展熟悉的产品直播来说，也应适当留存发挥空间。

直播脚本一般以完整的直播为单位，或以单品解说为单位。一般来说，整场直播的脚本，强调流程、时间、工作配合、技术指导等；单品的直播脚本则致力于产品卖点，突出特点与利益，强调客户利益结合点，强调直播中以体验的方式佐证产品真实、高效、优惠等。

1. 直播脚本的主要内容

直播脚本最简单的写法是按流程来撰写，最终以流程的方式控制直播，表 2-2 列举了直播脚本的主要内容。

表 2-2 直播脚本的主要内容

序号	内容	说明
1	直播目标	设定当日直播的考核标准，明确直播目的，方便过程管理及复盘，并形成闭环管理。例如，带货件数、带货金额、“涨粉”目标、流量目标等。 设定目标时要充分考虑前期数据基础，结合当场直播的推广与外部支援情况，应是“主播和团队共同努力方可达到的目标”
2	直播人员	直播人员通常包含主播、助理、辅播、场控、客服、技术等人员。直播脚本应明确不同人员的职位、工作分配、协调方式、沟通渠道等，此外，还应关注对直播人设的强化内容
3	直播时间	确定直播的时间安排、各内容间的时间分配； 一般情况下，主播应形成自己的时间规律，即每场直播时间大致上是固定的，不可任性调整
4	直播主题	确定商业传播与实现的核心主题，为主播的推荐、为观众的下单找一个“无法回避”的坚定、充分、恳切的理由，如厂家赞助、利润反馈、支农支边、救灾救难、官方大促、购物节等
5	设计直播间互动活动	加强互动、沟通，避免信息传达的单向性，如“粉丝”福利、现金红包、送大额优惠券、抽免单、送其他各种各样的小礼品等； 在执行时间方面也要有特殊设计，保证活动不断、活动时间与观众可能出现的变化相吻合（如离场、下单等），一般在开播、特殊时间节点、结束直播等时间点必须安排互动活动

续表

序号	内容	说明
6	准备工作	是直播脚本中最全面、最细致、最具体的工作。一般包括场景布置、氛围塑造、产品陈列、卖点提炼、销售话术、互动表达、关键问题回答、个性化标签化词语重复等
7	特殊问题应急处理	直播中可能面临的各类问题需要提前准备，如流量的急剧变化、网络问题、平台链接问题、观众提出的特殊问题等。简单来说，特殊问题应急处理，是保证直播不“翻车”、少“翻车”，即使“翻车”也可以转危为安的预备性工作
8	细化每个时段	把以上 7 点细分到整场直播的每一个小时段里面，确保到每一个产品的介绍与推送上

2. 直播脚本的表现形式

在明确直播脚本的主要内容后，企业应结合主播特点、环境与设备、所推荐的产品拟定直播脚本。直播脚本一般以企业内部规范化的表格形式表达，需要明确时间、目标、人员、主题、卖点、前期准备，以及各时间段的具体操作规范与直播要点。表 2-3 所示为表格样式的直播脚本。

表 2-3 表格样式的直播脚本

<table>
<tr><td colspan="9">2020 年 5 月 31 日　　　　儿童节直播脚本</td></tr>
<tr><td colspan="9">直播目标：销售金额达 110 万元、观众超 3 万人、“增粉”400 人</td></tr>
<tr><td colspan="9">直播人员：主播、助理、辅播、场控、客服、技术人员的具体安排（简化）</td></tr>
<tr><td colspan="9">直播时间：自 16：30 开始，共 3 个小时，至 19：30 结束；分预热、“奶粉”段、玩具段、服装段、学习用品段、奶瓶段等不同时间分场</td></tr>
<tr><td colspan="9">直播主题：快乐儿童节，全场小件 9.9 元大件 99 元，包邮</td></tr>
<tr><td colspan="9">前期准备：价格优势、利益优势、氛围创造、推广效果等</td></tr>
<tr><td>时段</td><td>总流程</td><td>分项主题</td><td>人员安排</td><td>后台、客服、技术</td><td>卖点</td><td>话术</td><td>优惠力度</td><td>备注</td></tr>
<tr><td>16：30—16：36</td><td>预热</td><td>“粉丝”互动，剧透、坚决态度表示</td><td>主播等</td><td>推送信息、多平台互动</td><td>一线品质、二线价格</td><td>“老铁”们，别让你儿时的遗憾再伤害你</td><td>低价、包邮、赠品</td><td>其他</td></tr>
</table>

2.3.5 直播运营

1. 直播实现陪伴和互动

在直播时代，大量的观众并不是为了购物而观看直播，对他们来说，观看直播不仅可以实现购物消费，也是一种娱乐和消遣，还可以满足接受信息、调整心态、表达诉求、交流互动的需求。直播能让观众与主播间产生同好、共鸣，实现陪伴、互动、推荐。

（1）用陪伴建立习惯

直播消耗的是用户可自由支配的时间。所谓流量竞争，其实就是争取用户多停留在自己的直播间里。在大多数情况下，用户停留时间和成交率成正比。对于主播来说，直播应该是长期的陪伴式服务，主播和“粉丝”建立感情，并通过持续地、反复地响应观众需求来表达陪伴。优秀的主播通常都是在固定时间开播，并不断努力培养用户定时收看的习惯。

课间案例

李×琦一年直播近四百场

人气主播李×琦之所以有今天的成功靠的不是运气，而是一年365天直播的所积攒的人气。

在一次采访中，李×琦被问到为什么不休息一段时间再直播，他回答说，每天都有上万场直播，如果你今天不直播，说不定你的“粉丝”就会被另外的九千九百九十九场直播吸引过去，可能第二天就不来看你了。

作为一个自媒体人，坚持更新不仅意味着增加曝光量，更意味着增加“粉丝”的黏度。

在今年“6·18”大促活动结束后，李×琦坦言嗓子已经沙哑，但坚持直播的动力是“粉丝”想念自己。“没有×琦的一晚好无聊”“我想要有一个声音陪我”等让他明白“粉丝”的“被需要感”是他坚持直播的动力之一。有一段时间在李×琦不直播的时候，很多人在线“寻找”李×琦，纷纷感叹没有他的夜晚真的有点寂寞，不是想花钱，可能只是习惯了每晚都有他的声音。

（2）用互动强化印象

直播间在某个时间点将用户聚集，以活跃的氛围形成羊群效应，利于订单的成交。互动的目的是给予“粉丝”存在感和尊重，拉近主播和“粉丝”之间的距离。企业要提前规划直播间的互动话题。

对用户来说，双向视频直播互动可满足用户现场参与感；对内容生产者来说，其通过互动可更好地进行内容调整布局；对直播平台来说，互动性可大大提高用户体验和用户黏度。

（3）用推荐实现变现

随着直播电商内容的丰富，用户需求会从内容消费进化成产品消费。直播电商要想利用在线直播推广产品体验，主播就只有依靠个人魅力与观众建立起类似“好友推荐”的信赖关系才具备强大的“种草”带货能力，从而推广产品体验。同时，主播也要善于利用赠品等“粉丝”福利来刺激用户完成购买行为。

2. 提供原创且优质的内容

从价值角度来看，内容影响受众的功能价值，进而影响其情感价值，再通过与社会价值的共享，最终以认知价值体现，这些价值决定着内容的制作并与内容制作形成闭环，进而形成选择角度上的区别。内容价值模型如图 2-3 所示。

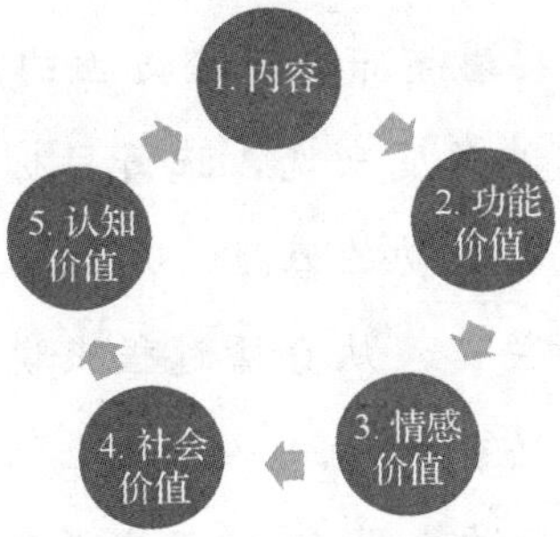

图 2-3　内容价值模型

在充分遵守内容价值模型的基础上，做到高品质的内容输出，还需要让各部分内容相互关联、内容与新闻热点关联，甚至利用新闻热点制作内容，也就是“蹭热度”。内容制作的一般规律如图 2-4 所示。

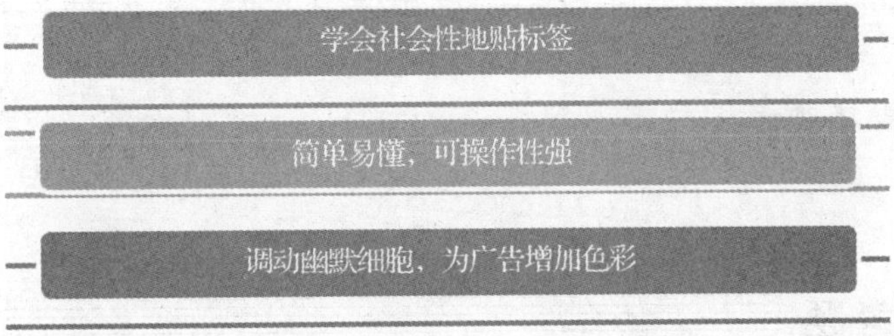

图 2-4　内容制作的一般规律

直播需要与用户产生交流互动，必要的刺激必不可少，如从其他内容输出（如视频网站、微信、电影电视、体育赛事等）中“搬运”一些有趣、生动的内容。当然，这种“移植”虽然有利于运营者快速“吸粉”，但是不利于主播个性与 IP 的建设。

从更广泛的内容输出来讲，输出的不仅是主播在镜头前的演讲和体验，还包括评论区评论、挑战赛设置、引入第三方社交平台、其他相关新媒体运营“留粉”等形式。这些在一定程度上会和主播的直播内容输出之间形成互利关系。

归纳与提升

筹划与准备工作对于直播电商来说是不可或缺且极其重要的。在直播电商的筹划过程中，企业需要重点关注人物与场景两个关键要素，依托主播提高直播质量，依托辅播控制节奏，通过直播间布置帮助完成直播工作，从而实现商业目的。

在直播的过程中，企业需要着重布置三个方面的工作内容，即“播给谁看”“播什么内容”“如何播”。从定位的角度来说，选好目标受众、对直播内容进行合理规划并赋予其差异化的标签是直播成功的基础；从内容来说，实现陪伴、互动与推荐的直播内容是电商直播成功的关键；从直播过程来说，通过合理的直播脚本规划控制直播节奏是电商直播成功的必要手段。

最后，需要明确的是，主播的人设 IP 对于直播的影响也很大。提前规划并建立主播的人设 IP 不仅更有利于流量的获得，也有利于长效变现机制的建立。这不仅是直播间、主播的品牌建设，也是企业需要完成的规划与建设工作。

名词解释

种草达人；直播脚本

复习思考题

1. 直播电商人物要素有哪些？
2. 直播内容的场景要素有哪些？
3. 直播电商的流程策划包括哪几个部分？
4. 直播脚本主要包括哪些内容？
5. 如何在直播过程中实现陪伴、互动与推荐？

场景实训

为更好理解和掌握直播电商的筹划与准备工作，我们将进行下述实训操作。

【实训目标】

1. 掌握直播电商的前期准备工作内容；

2. 理解主播IP人设的意义与构建逻辑；

3. 掌握电商直播脚本的主要内容。

【实训内容】

结合本章内容，选择你熟悉的2个或3个不同类型的直播主播，分别完成其人设IP的构建，并为其策划一场直播活动。

【实训要求】

1. 需要有完整的电商直播活动策划流程，包括直播脚本中的各项内容；

2. 选择3～5款适合该主播的产品，并为其匹配相应的促销内容和推广渠道。

第 3 章　直播电商的策略与运作

学习目标

- 理解直播电商运营的实质，理解直播电商的运营目标
- 了解直播电商在企业内部的运作过程
- 理解并掌握直播电商的运营策略
- 学会运用数据分析，建立直播电商运营的自检调整机制

引例

红人雪梨的淘宝直播首秀

据淘榜单了解，雪梨在直播首秀前筹备了整整一个月，如图 3-1 所示，在多个平台提前预热，并且选品极其严格，从几百种产品中挑选了首次直播的 40 多款产品。雪梨直接卖空了 27 万片来自韩国的澳皙可面膜，卖出 5 000 多台单价 1 899 元的美容仪，单价超过 2 500 元的海参预售款也被一抢而空。

图 3-1　红人雪梨的淘宝直播宣传图

红人直播带货一个相对明显的优势就是"粉丝"的高信任度和模仿效应。换句话说，就是"粉丝"很愿意购买喜欢的红人自己正在用的产品。直播当天，雪梨就准备了自己

一直在吃的海参、一直在用的牙膏，以及生娃后拯救脱发的霸王洗发水等。

和“粉丝”们分享变美心得，本来就是雪梨微博的日常，美妆产品在雪梨直播间也显得十分受欢迎。雅诗兰黛DW粉底液卖出6 500瓶，霸王洗发水售出10万瓶，还有1.8万只DPC气垫，2万只MAC口红等。

“宠粉”被称为第一直播要素。直播美容仪时，为了给“粉丝”更大力度的优惠，在直播间现场，雪梨的老公亲自为“粉丝”补贴每个产品100元的优惠券。这款产品卖出5 000件，相当于其自掏腰包50万元。这样的“亲测+宠粉”行为，更能获得“粉丝”的认可。

在一夜销售收入达6 100万元的背后，我们看到的是雪梨在前期的筹备和预热、长达六小时的认真专业讲解，甚至还有后期的互动。更不能忽视的是，这背后根据自身直播间用户画像做的选品策略以及合适的价格策略。直播过后，微博上很快就有“粉丝”晒出了在直播间购买的产品，还得到了雪梨亲自点赞。

思考题：

1. 红人雪梨的淘宝直播首秀成功的原因有哪些？

2. 直播电商可以采取哪些运营策略让直播效果更好？

台上一分钟，台下十年功。雪梨成功的背后是其精心的准备和运营策略。直播电商企业要成功不仅要运用选品、价格、转化等运营策略，同时还要清楚数据资产和团队协作的重要性。

3.1 直播电商运营的实质

扫一扫看微课：

微课 3-1

移动互联网时代的电商运营已经从单纯的卖货、促销进入拼“粉丝”时代。因此，高质量的“粉丝”是移动互联网时代电商企业的生存基础，也是电商企业发展的生命线。

因此进行直播电商运营企业要实现内部对直播的共识，应充分了解“粉丝”需求，为直播电商赋能，通过供应链让直播间的主播实现“帮助‘粉丝’买产品”。企业通过运营能力，将直播间的用户转化为主播“粉丝”，让主播带货，进而实现直播间产品更高的销量。本节主要从直播电商赋能和直播电商的运营目标出发，帮助读者理解直播电商运营的实质。

3.1.1 直播电商赋能

扫一扫看微课：

微课 3-2

以产品为代表的直播电商企业要对直播赋能，通过自身供应链的优势，一方面要提供更高性价比的产品实现价格赋能，另一方面要通过大数据能力提高产能，以实现直播电商消费者转化和高销量的运营目标。

1. 价格赋能

对于直播电商企业来说，产品定价要围绕直播的需求进行设计，低价不是唯一目的，高性价比产品是直播电商定价的优先选择目标。价格赋能就是通过高性价比产品满足消费者低价、便利性、新颖性、高端、降低风险、过程体验等方面的要求。

（1）满足消费者低价的需求

很多时候消费者想购买某件产品，但是碍于价格不得不放弃或者选择其他的低价替代品。基于此，物美价优的产品能够满足消费者低价的需求。围绕这一点，直播电商企业就需要解决产品问题。一是能否获得高质量的产品，二是能否获得明显低于市场价格的产品。李×琦等头部带货主播已经获得了渠道议价能力，他们直播间的大品牌产品价格甚至比“双 11”还低。

（2）满足消费者便利性的需求

消费者有购买某种产品的需求，但是由于购物过程相对烦琐，可能还需要付出时间和精力等，会产生便利性的购物需求。电商购物可满足消费者的便利性需求，如可以足不出户购物、方便比价等。直播电商企业还能够满足消费者的哪些便利性需求呢？直播间可以让“粉丝”更加直观地感受到产品的优劣。

（3）满足消费者新颖性的需求

很多消费者对一成不变的东西会感到不满，渴望更新。直播电商企业需要思考的是，在当前的直播电商环境中，有哪些解决方案是一成不变的，而且消费者都已经厌倦了。例如，现在很多电商直播间一成不变地称呼“粉丝”为“宝宝”“家人”；一成不变地使用在一个直播间，并在桌上摆满产品；一成不变地讲“今天直播间限时优惠价”；等等。直播电商企业要推陈出新，努力让直播间做出一些消费者想要的改变。

（4）满足消费者高端的需求

当消费者很喜欢某类产品时，若这类产品比其他的更低端，则会阻碍他们的购买。因此，针对此类追求高端产品的消费者，电商企业需要让所售产品更高端。

同时，直播电商企业需要提供一些方案使得直播间环境或者氛围能够显得比较高端，从而满足高端消费者的需求。

（5）满足消费者降低风险的需求

消费者都想获得 100%的购物保证。在目前的直播电商市场中，消费者会遇一些风险，如售后处理麻烦、收到的产品与直播间看到的不一致、不发货等。直播电商企业应该做出让消费者切实可信的承诺，从而降低购物的风险。例如，承诺 7 天无理由退换货、退换货运费都由企业承担。企业只有以消费者为中心，想尽办法降低消费者购物风险，才能获得消费者的青睐与忠诚度。

（6）满足消费者过程体验的需求

目前有些消费者在电商平台购物以及在直播间购物有着不太好的购物体验，他们渴望对此进行提高。例如，下单前要先领取优惠券，然后下单抢购，这个过程烦琐费时，影响体验。如果能够找到那些令消费者很不满的过程体验问题，再帮他们解决这些问题，企业就能够获得很好的效果。

2. 产量赋能

直播电商的出现和发展严重缩短了热卖产品在市场上的流转时间，这让直播间对合作的供应链的响应速度要求相应提高。主播的多重职能减少了供应链环节，同时直播的实时互动提高了供应链效率，这些改善要求直播电商企业通过供应链优化实现产量赋能。

（1）主播的多重职能减少了供应链环节

主播的多重职能减少了供应链环节：主播既是促销员，也是客服；主播既是网店运营人员，也是店长；主播既是代表厂商面向消费者的零售商，也是代表消费者面向厂商的批发商；主播将多重职能集于一身，让消费者购物通过一个主播即可完成。

例如，在蘑菇街的直播通路中，前端是消费者，后端是供应链，中间是主播，蘑菇街实际上处于幕后隐藏状态。这个通路减少了批发商、零售商等环节，比电商店铺还要精简。

（2）直播的实时互动提高了供应链效率

传统商场、电商店铺，工厂要经过几周才能接收到消费者反馈，而且这种反馈经过零售商、批发商或者网友评论等途径，容易失真，因此企业常常无法及时有效获取消费者反馈，无法指导生产。而直播能够实时获得消费者反馈，如蘑菇街的直播大数据也可以辅助企业获得消费者反馈。这样，企业在大规模生产前可进行小批量测试，及时调整生产，提高响应市场的效率。

3.1.2 直播电商的运营目标

直播电商的基础目标是将直播间的用户转化为主播“粉丝”，而直播电商运营的最终目标是为产品带来更高的销量而获利，这也是直播电商运营的关键目标。

1. 将直播间的用户转化成主播“粉丝”

用户成为“粉丝”，代表用户开始信任主播。主播与用户建立起了信任背书的关系，才有转化销售的可能。如何增加“粉丝”的黏度、提高转化率是当前很多企业碰到的难题之一。企业通过话术、行为、关系、事件、利益等手段可更快实现“粉丝”转化。

（1）话术：新人关注，必将言谢

人在任何场合都希望被尊重，被重视，当新人进入直播间时，主播一定要说出“粉丝”的名字，并且说一声感谢。这样能增加“粉丝”对主播的好感，提高“粉丝”在直播间的停留时间，提高转化率。

（2）行为：引导用户加群，实现羊群效应

在直播过程中，主播一定要引导“粉丝”加群，这能起到使“粉丝”相互影响的作用，即“铁粉”带动“新粉”，通过群交流的方式，给“新粉”传递更多信息。同时，这样做能提高群“粉丝”人数，提高“粉丝”留存概率，提高“粉丝”的活跃度。

（3）关系：主播和“粉丝”产生一定的关系

即使“粉丝”与主播或店铺之间产生一定的关系，让“粉丝”产生归属感。例如，一些头部商家、大主播，形成了后援团形式的“铁粉”阶层。

（4）事件：利用官方活动和当下热门事件

企业可在直播过程中进行回放和提醒，增加“粉丝”的印象，同时利用官方活动造势，如“直播‘双 11’大促”。主播在直播中进行预告，在自己参加活动的同时，进行直播中的活动打造。直播中也可以利用热门事件蹭热点，但是要注意不能触犯法律。

（5）利益：感恩粉丝，利益支持

在直播过程中，企业除了销售产品，也需要让“粉丝”获利、主播或企业对“粉丝”的感谢。边看边买，还有小惊喜。直播中带动“粉丝”，“粉丝”成就商家或主播。依靠直播中的细节关注，感恩“粉丝”，提高“粉丝”的黏稠度，让“粉丝”和直播获得共同成长。

2．为直播间的产品带来更高的销量

从运营和营销的角度来说，直播是信息传达和获取信任的最优选择。但要想快速成交，只传达信息和获取信任还不够，还得有说服力。因此，主播不仅要洞察消费者需求，还要学会运用直播带货中产品的稀缺性实现高成交率。

（1）洞察消费者需求，要贴合消费者需求

直播中的两个重要元素是人物、场景。企业要洞察消费者需求，给消费者最想看到的产品或服务，如旅游企业在景区直播；医疗企业以医生为主播；健身企业邀请“瘦身达人”做直播；加盟性质的企业把直播场景设在各地“火爆门店”等。

（2）运用直播带货中产品的稀缺性实现高成交率

在直播的过程中，如果能巧妙利用稀缺性这一属性，利用涨价、取消额外的赠品、产品下架等方法让“粉丝”知道如果他们不在这次直播购买产品，可能会面临断货、涨价的风险，就能有效提高人们的购买欲望。

例如，主播烈儿××的直播，“五四三二一，刷新去拍！”主播话音刚落，单价300多元的2万件衣服被一抢而空！如果用心听的话，她说得最多的话是：“各位粉丝宝宝们，这件衣服一定要买，这是我们跟××大牌设计师的联名合作款，他们家品牌都是走的高端轻奢路线，300多元的价格真得很划算，错过就没有了。”烈儿××熟知稀缺性的重要性，也懂得利用产品的稀缺性实现更高的销量。

根据2020.4.20—2020.4.26的淘榜单，无论是全年单场直播的观看人数，还是成交转化率，烈儿××的排名均稳居前三，如图3-2所示。

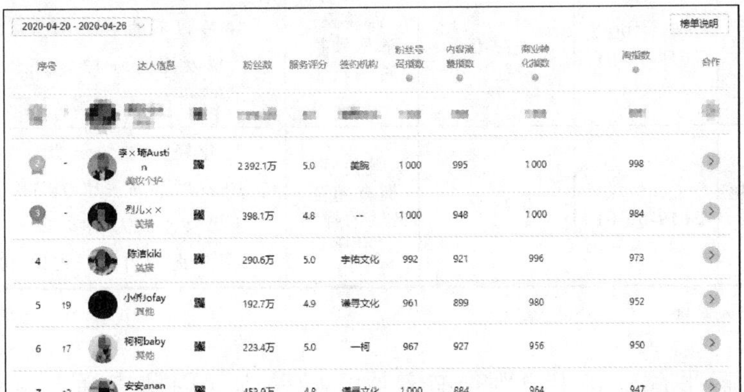
2020-04-20 - 2020-04-26　　榜单说明

序号		达人信息	粉丝数	服务评分	签约机构	粉丝号召指数	内容消费指数	商业转化指数	淘指数	合作
[illegible]		[illegible]	[illegible]	[illegible]	[illegible]	[illegible]	[illegible]	[illegible]	[illegible]	
	-	李×琦Austin 美妆个护	2 392.1万	5.0	美腕	1 000	995	1 000	998	
	-	烈儿×× 美搭	398.1万	4.8	--	1 000	948	1 000	984	
4	-	陈洁kiki 美搭	290.6万	5.0	宇佑文化	992	921	996	973	
5	↑9	小侨Jofay 其他	192.7万	4.9	谦寻文化	961	899	980	952	
6	↑7	柯柯baby 其他	223.4万	5.0	一柯	967	927	956	950	
7	↑2	安安anan 美搭	453.9万	4.8	谦寻文化	1,000	884	964	947	

图3-2　淘榜单截图

3.2 直播电商的运营策略

直播电商的运营策略很多，本节主要介绍选品策略、产品组合策略、转化策略、提高签收率策略、直播间暖场策略。

3.2.1 选品策略

选品策略即通过相关方法挑选适合直播的产品。选品策略的核心是要匹配直播间的用户画像。

在大数据时代背景下，用户信息充斥在网络中，用户画像是指将用户的每个具体信息抽象成标签，再利用这些标签将用户形象具体化，从而为用户提供有针对性的服务。表 3-1 所示为主要内容平台用户画像。

表 3-1 主要内容平台用户画像

平台名称	定位	日活量	月活量（2019 年 9 月）	用户黏性	用户基本特征	适合带货品类
抖音	原创短视频分享平台	4 亿+（2020-01-01）	4.8 亿	弱关系 平台推送及内容运营	潮流、时尚 30 岁以下的占比 53.2% 男女比例为 52∶48 三线及以下城市用户占比 55.9%	冲动消费品 时尚消费品 大众类消费品 新品类
快手	国民短视频社区	3 亿（2020-01-01）	3.4 亿	强关系 注重私域流量和“粉丝”运营	大众、接地气 30 岁以下的占比 52.7% 男女比例为 52∶48 三线及以下城市用户占比 59%	大众类消费品 高性价比产品
小红书	分享生活方式的社区平台	峰值 2 500 万（2019-11-01）	0.73 亿	强关系 意见领袖属性较强	垂直、种草 30 岁以下的占比 51.5% 男女比例为 13∶87 一线城市用户占比 57.7%	时尚消费品 高端消费品 美妆日用品
B 站	Z 时代兴趣爱好社区	3 760 万（2019-09-01）	0.98 亿	强关系 拥有超强黏性的净值用户	年轻、“二次元” 30 岁以下的占比 95.5% 男女比例为 48∶52 一线及沿海城市用户占比 70%	个性化产品 “二次元”周边衍生品

数据来源：艾媒咨询

纵观各直播平台，其用户画像有着明显的差别。因此直播电商企业在选择直播平台的同时，也要精准匹配直播间的用户画像。

例如，当前最为火爆的抖音和快手直播平台，二者用户基数都超过3亿。但是细分来看，抖音用户是偏潮流、时尚的群体，因此适合的电商产品品类应该是冲动消费品、时尚消费品、大众类消费品以及新品类；而快手用户是相对大众、接地气的群体，因此适合高性价比产品以及大众类消费品。

通过匹配直播间的用户画像，企业可以从价格和功能两个方面来匹配主流直播电商平台的用户需求。

1. 以价格匹配用户画像

因为受制于运营的模式和用户群体的特征，只有高溢价、高频次、低价格的产品才是直播畅销品，如化妆品、口红、饰品、零食等。

在电商行业中，同质化问题严重，因此高性价比是提高直播带货模式成功率的关键因素之一。知名度不高的主播需要通过高性价比的产品和真正有吸引力的价格来打动自己的“粉丝”。而对于知名主播来说，价格同样是一个需要重视的问题。因此直播电商在选品这一方面应该做到价格匹配，优先选择高性价比的产品。

2. 以功能匹配用户画像

直播电商企业做产品决策的时候，一定要做到功能匹配，一方面直播的产品要精准匹配主播的内容标签，另一方面直播的产品要精准匹配直播间的用户画像。

不管是企业直播还是个人直播，都一定要选择和主播标签相同的产品。让一个未婚女孩去卖母婴产品，这明显是不合理的。所以直播间在选择产品的时候一定要考虑自身的定位和用户画像，选择不适合的产品只会浪费时间，甚至影响自己的“粉丝”黏性。

以李×琦为例，李×琦被称为“口红一哥”，客户愿意为其买单的根本原因也是他的产品满足了大部分客户的根本需求，他了解自己的“粉丝”群体用户画像，懂得客户喜欢的护肤美妆产品。

课间案例

李×琦团队严格而专业的选品

受疫情影响，2020年不少品牌的线下销售渠道被线上渠道所取代。越来越多的电商、直播平台开通直播带货功能，不少新玩家包括企业CEO和名人，也纷纷加入直播带货大军。庞大的“粉丝”群体是主播跟商家议价的最大筹码。而维系“粉丝”忠诚度的，除了主播的个人魅力外，还有横扫全网的折扣、周到的售后服务和精心选择的高品质产品。

“我们首创了QC（质检）团队，这个团队是由有食品、生物化学、材料学等专业背景的人员组成的。他们在产品的生产、包装、卖点、运输等方面都有很严格的标准。”李×琦向记者介绍，招商组是选品的第一环节，先做基本的筛选，然后选品组专业的评审以及公司内比较年轻的大众评审继续筛查。其中，QC（质检）团队会去审查产品是否健康、安全，在资质和卖点上是否有一些“打擦边球”的因素，还会审查包装上的文字、图案等是否合规。

李×琦用“专业”这个词定义自己的直播间：“李×琦的直播间更多是要靠严格的选品、丰富的内容支撑起来的，我们要对每一位消费者负责。我认为，主播的直播间都应该以‘专业’为追求，这样才能让直播行业更健康地发展下去。”

3.2.2 产品组合策略

产品组合策略是指根据产品线的分析以及市场的变化，调整现有产品结构，从而寻求和保持产品结构最优化的策略。对于直播电商的产品来说，我们要梳理清楚产品的类别，同时做好产品的组合。

1. 产品分类

适合直播的产品众多，可以分为以下几种。

（1）引流款产品

引流款产品就是为店铺吸引流量，引进更多意向客户的产品。这类产品一般主打高性价比，通常是能让一般客户接受的产品，多低价销售。

将产品定位为引流款，就意味着这个产品就是店铺最大的流量来源通路。引流款产品一般是大部分客户能接受的、非小众的产品，而且转化率高，相比于同类目属性环境下的竞争对手，有价格或者其他方面的优势。要精准选择引流款产品，就要做好数据测试，尽量选择转化率高、地域限制较少的产品。

（2）特色款产品

特色款产品是相对于引流款产品而言的差异化的产品，可以让客户感受到产品的不同。这类产品适用于目标客户群体里面某一特定的小众人群。因此，这类产品突出的卖点及特点必须符合这一部分小众人群的心理。企业在推广前同样需要对少量的定向数据进行测试，或者通过预售等方式进行产品调研，以做到供应链的轻量化。

（3）主打款产品

主打款产品也就是常说的热卖产品，高流量、高曝光量、高订单量是它的具体表现。一般情况下，这类产品的价格相对来说不会太高，给店铺带来的利润低。针对这类产品，建议每间店铺设 1～2 件主打款产品。企业在打造热卖的前期阶段应把利润尽量降低，做好不盈利的准备，这样才方便热卖产品的打造。热卖产品的折扣设在 50%以上，测款后企业应加大市场投放量。

（4）利润款产品

利润款产品一般用于锁定特定客户。根据“二八原则”，店铺 80%的利润是由 20%的产品带来的，而利润款产品即这 20%中的一部分。企业应选择有设计感，更为精致，并且可以照顾小部分特定客户的需求的产品为利润款产品。

将产品定位为利润款产品，就是要靠此产品为店铺带来更多的利润和销量。因此这类产品应该在实际营销中占最高比例。利润款产品前期阶段的选款要求比引流款产品将更高。企业在打造利润款产品时，首先要锁定目标人群，精准地分析目标人群的爱好。利润款产品的目标人群应该是某一特定的人群，如高消费群体。企业需要分析适合该群体的款式、产品卖点、设计风格、价位区间等多个方面再做出决定。

2. 产品组合

直播电商企业可以通过不同产品的搭配和产品组合来形成新的产品及分类，打破单一产品缺乏价格调整空间的限制。引流款产品和主打款产品做前端产品进行引流，利润款产品做后端产品进行盈利。引流款产品定位于低价、超值、高频消费，利润款产品定价为高品质、高利润、多卖点，互相搭配才能形成良性的产品组合模式。

小贴士

冬天卖棉袄，夏天卖裙子，每一个季节都有相对应畅销的产品。此外，企业应多留意网络热点、网红同款等，有助于企业人员进行采购决策，或者新品开发。

3.2.3 转化策略

转化策略是指通过调价、活动等方式提升直播电商从流量到成交转化的策略。

如何提高转化率，使直播用户成为有价值的用户，是众多企业直播时要重点关注的问题。以下为转化中需要关注的内容。

1. 以价格为策划亮点

限时抢购、限时买赠、限时优惠券等方式，或“口令红包券”玩法，在一定程度上可解决转化率低的问题。

例如，当外婆家在做直播时，口碑“口令红包券”是贯穿整个直播的关键环节，在直播过程中每隔 15 分钟就会上一道菜，主播在品尝菜品时，不间断地发出支付宝“口令红包”，如“你别走好口碑”“你别走口碑夜宴”“你别走我们常来”等有寓意的口令红包，让用户在观看直播的过程中不间断地获得福利，同时在输入口令的过程中强化对品牌的记忆。图 3-3 所示是主播在“外婆家”直播的场景。

图 3-3 主播在“外婆家”直播的场景

2. 以互动为策划亮点

除了最基础的直播和短视频流量标识点赞、评论、收藏、转发等，直播间有更多的功能可实现主播和“粉丝”互动。许多新手主播在做直播时，只知道通过语言和用户聊天，或者发几个表情，很是无趣。其实，直播软件中有很多功能和工具可以用来与用户进行趣味互动，提高用户的参与感，实现“路人转粉”。

2019 年 12 月 12 日晚，高晓松、某主播首次在淘宝公益同台直播，销售贫困县农产品。在直播中高晓松首次涂起了口红，还跟该主播的狗友爱互动。#高晓松涂口红#微博话题阅读量高达 2.5 亿。当晚，200 吨内蒙古扎赉特大米 5 秒售空，5 万罐安徽金寨山核桃 5 秒售空，12 万袋康保燕麦面 7 秒售空。此次直播预计使三地 1 114 户贫困户共计增收 439 万元。图 3-4 所示为高晓松和某主播首次在淘宝公益同台直播。

图 3-4　高晓松和某主播首次在淘宝公益同台直播

3. *以成交为策划亮点*

为了提高直播销量，主播可以组织成交福利、成交单号抽奖等活动来提高成交量。某主播经常通过抽奖的方式为“粉丝”发放福利。例如，2021 年“双 11”期间，某主播每天都在直播间开启 80 个超级福利活动，2021 年 10 月 20 日下午 4 点至晚上 12 点，持续“下”了一场 8 小时的“红包雨”。图 3-5 所示为某主播直播间红包雨活动。

图 3-5　某主播直播红包雨活动

4. 以权益为策划亮点

除了抽奖、送福利，送权益也是直播间常用的提高转化率的手段。更长的退换货时间权益、专属客服服务权益等都是客户容易接受的购物权益。

例如，沃尔玛曾有一个低价保证：我们的价格保证全市最低，否则差价双倍赔偿。它给客户留下的印象是：去超市就去沃尔玛，因为它最便宜。沃尔玛由于有着巨大的客户流量，因此可以保证给客户低价的权益。

在直播电商行业也是如此，招商证券的直播带货报告显示，在淘宝直播的 600 多个 MCN 机构中，20%的头部机构占据了机构大盘 75%的流量和 80%的网站成交金额（Gross Merchandise Volume，GMV），直播的马太效应已经非常明显。

头部主播能够拿到低价产品，是因为他们的流量和曝光率高，反过来说也是一样的，企业只愿意把低价产品给那些流量和曝光率高的主播。简单来说，流量造就低价，低价吸引流量。因此，拥有流量和议价能力的主播可以给客户保障低价的权益，从而也会增加"粉丝"的黏性以及购买忠诚度。

3.2.4 提高签收率策略

签收率策略是指通过相关方法提高直播电商产品送到客户手中并成功签收的概率的策略。直播电商可以通过提高快递发货的效率、提高包装质量和效率、注意产品及发货的细节等方面来提高签收率。

1. 提高快递发货的效率

及时响应客户订单，选择稳定高效的快递公司合作，都是提高快递发货效率的方法。产品发货后及时给客户发送短信通知，不仅能减少售后咨询压力，也能在一定程度上提高客户的满意度进而增加客户黏性。

2. 提高包装质量和效率

提高快递发货的包装质量和效率可避免快件脏、乱、变形。

① 保证产品品质。客户收到东西时要验货，提高包装质量可保证产品完好。

② 包装一定要紧实，以避免在运输中出现包装破损、挤压变形等情况。

③ 对于易碎易变形产品，包装上可以粘贴"易碎勿摔"的字样。

④ 在产品里出其不意地放一些小礼品，给予买家小惊喜。

⑤ 对于部分包装简陋的产品，重新打包美化包装，可以给客户赏心悦目的感觉。

3. 注意产品及发货的细节

① 做好产品发货前的产品细节处理，如对服装类产品注意线头处理，对食品类产品注意包装的完整性等。

② 企业及时留意物流追踪细节，并深入了解包裹配送过程，能更快、更准确地回复消费者。退换货时避免拖延，一经核实要尽快换货或退款，不能让客户等待过久。

③ 一旦出现物流纠纷，企业应该及时联系物流商，帮助客户定位延误或丢失的包裹，积极地参与这一过程。

3.2.5 直播间暖场策略

主播在进行直播时经常会忽略调节气氛，容易遭遇冷场的尴尬情况，这时候掌握暖场技巧来缓和直播间的氛围就非常重要。以下为具体的暖场技巧。

1. 礼貌问候

主播的动作、表情应丰富、生动一点，当“粉丝”进入直播间时，主播可以热情一点，真诚微笑。“粉丝”进来时，看到主播脸上没有笑容，一副谁也无法接近的模样，肯定不会留下来。所以主播在“粉丝”进来时对其热情一点，也许他就会留下来使你们的关系更进一步。

2. 拒绝冷场

没话说怎么办？没才艺怎么办？可以聊一聊最新热点，或主播喜欢、擅长的事情，如自己的故事。主播通过和“粉丝”聊天，也可以拉近与“粉丝”的距离。

3. 区别对待

不是所有的“粉丝”都喜欢被叫“亲爱的”，主播应区别对待，可以针对不同的“粉丝”加入自创元素、昵称。主播在和“粉丝”慢慢熟悉的过程中，可以了解一下他们的喜好。这样主播才能发现他们最喜欢的称呼究竟是什么。

课间案例

自定义独特的“粉丝”称号

淘宝升级了，称客户为“亲爱哒”；快手主播称“粉丝”为“宝宝”，一些主播则另辟蹊径，称“粉丝”为“家人们”。简单的称呼改变能够带来不一样的“粉丝”效应和暖场效果。

例如，某主播直接放弃“男粉”，精准定位“粉丝”。因为该主播99%的“粉丝”为女性，而“天下70%的消费决策是由女性做出的”。值得注意的是，这里指的是消费决策。

另外，该称呼可瞬间让主播与“粉丝”之间产生从属关系，只要“粉丝”进直播间就意味着默认这种“依靠与依赖”的微妙关系，再让“粉丝”无数次地从标有“家人们”的海报里领取“独有的直播间优惠券”，反复给予心理暗示并强化关系。

4. 音乐

直播间少不了音乐，音乐有着很重要的作用，好的音乐能让大家在主播的直播间多待一会儿。因为来到直播间的“粉丝”所处的年龄层次不同，所以我们要根据“粉丝”的情况来决定播放老歌还是播放当下年轻人喜欢的流行歌曲。

总之，直播间的氛围决定主播的“粉丝”热度，热闹的直播间能吸引更多的“粉丝”。主播要根据“粉丝”们的喜好进行直播，使他们活跃起来。

3.3 协调数据资产和团队资产

最近大火的“东方××”，背后有众多的团队，从产品上架到物流、运营等，整个卖货环节都需要团队协作。因此，直播电商企业要通过数据资产和团队资产的协调运作，达成内部的共识统一，共同为直播电商的运营出力。

3.3.1 数据资产

对于企业来说，直播电商价格资源来源于平台累计的数据资产，企业利用数据完成数据反馈，确定产品定价与市场走向；通过大数据建立柔性供应链，提高人货匹配效率。

1. 数据价值

经历了过去3年的快速发展，如今可以明显观察到直播电商相关的产业链正愈发成熟。直播与电商的结合是信息流和产品流的高效结合。一方面，上游生产市场的商家，利用 MCN 机构或者直接对接主播在多平台直播，导流到电商平台完成交易。这段链条能够利用直播大大降低信息不对称的程度，加速了信息流、产品流和资金流的流动，实现了效率提高。另一方面，随着底层技术（大数据、云计算、供应链金融等）与中间业态（直播基地、MCN 机构以及 SaaS）的持续迭代，直播电商行业专业化、数字化程度不断提高。上游商家能直接联系用户，形成 C2M 模式，大幅提高快速反应能力，促进供应链再度缩短提效。

此外，直播电商带来了海量消费数据，由于离用户更近，因此其数据价值大幅提高，能够实现精准全面的用户画像，从而反哺上游商家以及支持 MCN 机构生产、选货，实现整个直播电商业态正向循环。

小贴士

想要做好直播电商，数据分析工具是必不可少的。从各大平台采集汇总的数据，有助于我们进行决策和运营。

2. 数据反馈

企业通过数据可以打造柔性供应链，同时提高人货匹配的效率。

（1）柔性供应链

以服装为例，直播给大量的小微服装厂带来了生机。快捷且转化率高的直播交易方式，使主播长期处于缺货状态。供需两端一拍即合，形成大量“前播后厂”的有趣业态。

头部主播可以轻松满足小型服装厂全年产量供给。淘宝近万名服装类目主播中有数百个签约 MCN 机构，对应 10 万家到 20 万家年产值小于 2 000 万元的小微服装厂。小微服装厂抓住结构变革机会，直接对接前端主播，业务量快速增加，跃升为综合型服装供应链企业，具备抄款、设计与组货能力，更柔性也更有效率。

（2）算法提高人货匹配效率，数据采集加快反应速度

在传统电商无法触及的前端数据采集上，主播有强烈的意愿与供应链共享用户与主播自身的精准数据，以期达到更高效的人货匹配。匹配算法、群控工具、BI 分析等都会成倍提高单点效率，使企业有可能通过高效选品，快速打造热卖产品。

这一点在二手奢侈品领域体现得更为显著。复杂的供应链整合需要大量资金支撑，背后的定价体系和鉴定体系是单个主播难以建立的。在定价上，系统根据不同品类，从多个维度实现产品标签化，并通过分析历史交易数据，自动估算出价格范围以供参考，使 C 端用户可以在该范围内进行定价；产品在售时，由于数

据实时反馈，系统可以再动态调整售价。

3.3.2 团队资产

直播电商企业要重视内部人力资源的合作与运作，一方面要搞好部门协作，同时也要组建专业的直播电商小组，完成专业化的直播运营。

1. 部门协作

除了优秀的主播，运营团队的配合也很重要。直播时，我们需要一位现场导播，以实时控场、安排流程、上架货品并发送链接、处理应急事务；需要一位内容策划，对直播内容进行撰写，使直播生动有趣；需要一位“粉丝”运营，将直播预告发送出去，并活跃“粉丝”群，保证直播时会有“粉丝”来收看；其他比如电商后台配合，现场助理，后续市场传播等，都需要团队来做。总之，直播电商并不是主播单独在镜头前的卖货行为，而是整个团队协作的内容。

（1）供应链支持

直播后，产品销量可能会在短时间内呈现爆发式增长，这就对供应链产能、备货、物流等带来了严格考验。同时，由于价格是电商直播的敏感内容，因此企业与供应链的议价能力也非常关键。有了这些保障，直播团队在前线才更有与“粉丝”互动的底气。因此，供应链端一定要做好产品、成本和库存等工作的协调和对接。

（2）市场推广支持

直播目前正处于风口且本身就是一场营销活动，除了直播卖货以外，还会实现后续的广告效应。媒体自发性地进行报道和分析，也有利于直播进行二次传播，并为下一场直播预热。因此做好宣传亮点包装、直播活动策划等工作，可以让市场推广事半功倍。

（3）运营执行支持

播前：

① 做好电商直播执行方案，了解平台直播规则；

② 统领直播定向推进，开定向会，确定直播排期、人员分工和活动政策等；

③ 跟进主播选品、脚本梳理、产品上下架等；

④ 写好本场直播客服、“水军”话术，提醒人、货到场；

⑤ 找好“水军”，安排好“水军”互动内容；

⑥ 负责微信好友、微信群及微信朋友圈的直播前预热宣传、点对点定向邀约。

播中：

① 提前布置直播间；

② 发送公众号消息提醒，转发链接；

③ 根据产品变化随时调节灯光亮度；

④ 按要求切换音乐/镜头，提醒主播模特站位（角度、距离）；

⑤ 及时处理卡顿等突发情况；

⑥ 直播间互动，发红包，回复相关留言；

⑦ 在微信上通过新加客户，回复咨询下单问题；

⑧ 充当“水军”，活跃气氛。

播后：

① 播后填写场记表，做好数据整理；

② 每赛段优胜人员的公布和发奖；

③ 组织直播参与人员进行复盘；

④ 微信、微信群及微信朋友圈二次营销、追单。

（4）财务支持

直播电商还需要财务部门进行产品的成本重新核算，因此直播电商需要企业从组织架构层面进行支持。

2. 组建直播电商小组

人力资源部门要从各个部门抽调相应人手组建直播电商项目小组。电商项目小组的各组成部分如下。

（1）星探/招募

直播经纪人：主播的招聘、考核、管理、培训等。

（2）直播部。

场控：负责配合直播中控台、优惠发放、产品上架、活动报名等。

主播：进行正常直播、熟悉产品信息、介绍展示产品、“粉丝”互动、活动介绍、复盘直播内容、品控等。

助理：负责配合直播间所有现场工作等。

辅播：协助主播直播，与主播进行全方位的配合等。

策划：负责主播玩法培训、玩法设计、脚本策划等。

（3）招商部

招商宣传：负责商家合作、产品招商等。

样品管理：负责产品的更新、管理等。

（4）供应链团队

负责直播基地、直播工厂、直播商场、直播品牌的打造及运营等一系列事务（一般比较成熟、规模较大的机构才会配备供应链团队）。

（5）运营团队

直播运营：负责各项直播业务的一切运营相关工作。

数据运营：负责直播数据收集、分析数据、优化直播方案等。

内容运营：负责直播前后的内容宣传、造势、相关运营等。

归纳与提升

本章从理论层面分析了直播电商的策略和运作，那么直播电商如何运营？

第一，直播电商运营要实现企业内部对直播的共识，以产品为代表的供应链要对直播实现赋能，通过供应链的能力让直播间的主播实现“帮助‘粉丝’买产品”，而不是试图通过直播间进行产品的硬性植入和售卖。

第二，企业要明白直播电商的运营目标是将直播间的用户转化成主播的“粉丝”，为直播间的产品带来更高的销量。

除了选品策略、产品组合策略、转化策略及提高签收率策略等，直播电商企业可通过数据资产和团队资产的协调运作，达成内部的共识统一，共同为直播电商的运营出力。

名词解释

直播电商赋能；选品策略；用户画像；产品组合；数据资产

复习思考题

1. 如何理解电商运营的实质？
2. 如何为直播间的产品带来更高的销量？

3. 如何匹配直播间的用户画像？

4. 提高直播电商签收率的方法和策略有哪些？

场景实训

为更好地学习直播电商的实质和运营策略，我们将进行下述实训操作。

【实训目标】

1. 深入理解直播电商运营的实质；
2. 掌握直播电商不同的运营策略；
3. 清楚数据资产和团队资产对于直播电商的重要性。

【实训内容】

从抖音、快手、淘宝等直播平台选择一个进行直播活动策划。团队合理分工，根据直播间用户画像制定对应的选品策略，并配合产品组合策略、转化策略、提高签收率策略等分析直播电商产品是否能盈利。

【实训要求】

1. 要综合运用各运营策略；
2. 小组人员要合理分配，协作完成任务。

第4章 直播电商的实施与执行

学习目标

- 掌握腾讯直播、快手直播、抖音直播和淘宝直播的流量区别
- 熟悉各直播平台的流量规则
- 掌握腾讯直播各平台的开通操作及具体的操作细则
- 将所学内容进一步应用于实操，进行实际直播电商操作

引例

快手小店推出全新功能——闪电购

快手是现在最为热门的短视频平台之一，加上新推出的快手小店功能，吸引了越来越多的商家及消费者。2020 年，快手小店推出全新功能——闪电购，有利于消费者快速下单，帮助商家更好卖货。

1. 快手小店的闪电购介绍

闪电购指快手小店提供的便捷的在线下单功能，商家通过在直播中讲解、描述商品，维护商品价格和库存，通过系统自动截图快速新建商品，以供消费者下单。

2. 功能开通

当特定经营类目商家的商品质量、服务水平到达行业内较高水准时，平台邀请其开通闪电购，商家应按照平台要求通过实名认证、资质提交等，确认开通并按要求缴纳相应的保证金。

思考题：

1. 快手直播可以直接打通的线上购物入口有哪些？
2. 与淘宝直播相比，快手直播最大的不同点是什么？

随着直播电商的发展，各大电商平台以及短视频平台纷纷进入直播电商领域，主播入场直播电商除了需要根据自身优势选择合适的直播平台，还要熟练掌握对应平台的规则以及操作细则。

4.1 腾讯直播

扫一扫看微课：

微课 4-1

腾讯直播的平台有微信小程序直播、企业微信直播、看点直播、NOW 直播和其他第三方开发的包括爱逛在内的直播平台。

4.1.1 规则说明

腾讯直播最大的价值在于私域流量的开发和持续沉淀，能够实现工具化的社交裂变。

1. 流量规则

（1）腾讯以“看点直播”的工具形式为主，通过已有的个人朋友圈、公众号、微信群和投放腾讯广告（广点通），以“去中心化”的方式由主播自行获取平台流量。

（2）腾讯直播主打私域流量，直播前需要通过公众号推文、朋友圈定向邀约等方式宣传预热。

（3）微信的拉新能力非常强，腾讯直播可以充分利用社群运营的玩法获取流量。

小贴士

以腾讯直播为代表的微信体系内的私域直播，凭借直播互动与商品销售的闭环；商家朋友圈、微信群、公众号等多渠道私域引流；微信体系内的公域流量补充私域流量池以及众多裂变玩法等优势，成了直播电商行业盈利的最大增量。

2. 开展方式

腾讯直播目前主要分为以下 3 种。

（1）微信小程序直播：通过微信小程序的直播插件实现，企业可以在自己的小程序商城中开发相应的直播功能。

（2）企业微信直播：直接在企业微信中发起直播。

（3）其他类型直播：看点直播、NOW 直播和其他第三方开发的包括爱逛在内的直播。

对于企业来说，建议以企业微信直播作为首选工具，原因有 3 个：①无须企业二次开发，认证企业微信后即可开始直播；②相比微信，企业微信具备企业的品牌背书，在经营上具有更大优势；③企业微信对企业来说，在用户管理上可以实现多级管理，更适合企业经营用户，可以避免用户在员工私人微信号上的流失风险。

4.1.2 开通操作

本节选取微信小程序直播进行实操介绍。

1. 开通条件

微信小程序直播目前为公测阶段，符合以下条件的商家，可申请开通微信小程序直播功能。共有 6 个条件，其中条件 1、条件 2、条件 3 必须同时满足，条件 4、条件 5、条件 6 满足其一即可。

条件 1：满足开放的服务类目要求（任选其一）：电商平台、商家自营-百货、初级食用农产品、食品、酒/盐、图书报刊/音像/影视/游戏/动漫、汽车/其他交通工具的配件、服装/鞋/箱包、玩具/母婴用品、家电/数码/手机、美妆/洗护、珠宝/饰品/眼镜/钟表、运动/户外/乐器、办公/文具、鲜花/园艺/工艺品、汽车内搭/外饰、家居/家饰/家纺、机械/电子器件。

条件 2：主体下微信小程序近半年没有严重违规。

条件 3：微信小程序近 90 天内存在支付行为。

条件 4：主体下公众号累计“粉丝”量大于 100。

条件 5：主体下微信小程序连续 7 日活跃用户数大于 100。

条件 6：主体在微信生态内近 1 年广告投放实际消耗金额大于 10 000 元。

注意

申请由微信官方进行处理，审核通过后商家即可使用微信小程序直播功能。

2. 开通方法

开通微信小程序直播的前提是有一个微信小程序。

注册：进入微信小程序后台，在【功能】-【直播】中单击“开通”按钮，然后阅读并同意服务条款，开通微信小程序直播功能，如图 4-1 所示。移动端需下载腾讯直播 App，按操作提示注册即可。

图 4-1　微信小程序直播开通入口

创建直播间：开通后，在微信小程序后台的【功能】-【直播】-【直播间管理】中单击“创建直播间”，如图 4-2 所示。

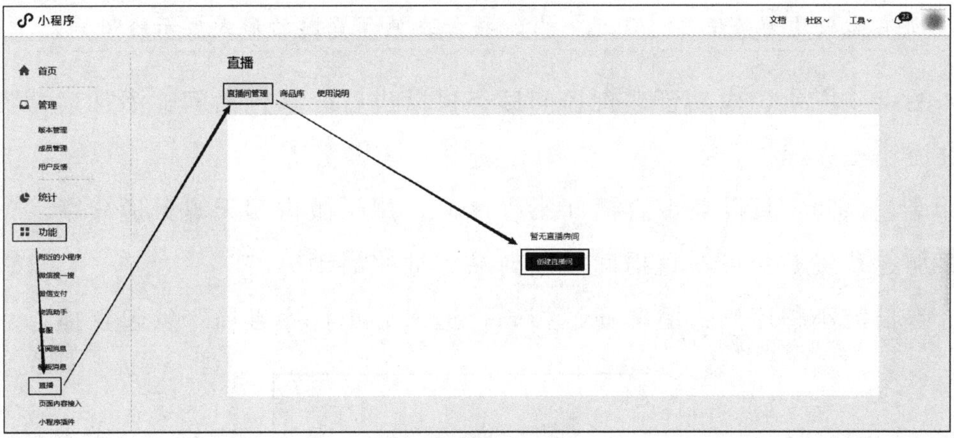

图 4-2　小程序直播间创建指引

如图 4-3 所示，按要求填写直播间资料，包括直播标题、开播时间、主播昵称、主播微信账号、是否允许评论、直播间封面等。

直播标题：必须为 17～30 个汉字（一个字等于两个英文字符或特殊字符）。

开播时间：所选时间范围必须在 12 小时以内；开播时间和结束时间间隔不短于 30 分钟。计划结束时间到时，正在进行的直播不会被强制结束，但若主播仍未开播，该直播间将会过期，无法开播。

主播昵称：必须为 2～15 个汉字（一个字等于两个英文字符或特殊字符）。

主播微信账号：需要与实际开播的主播一致，主播第一次登录开播小程序时将进行实名认证。

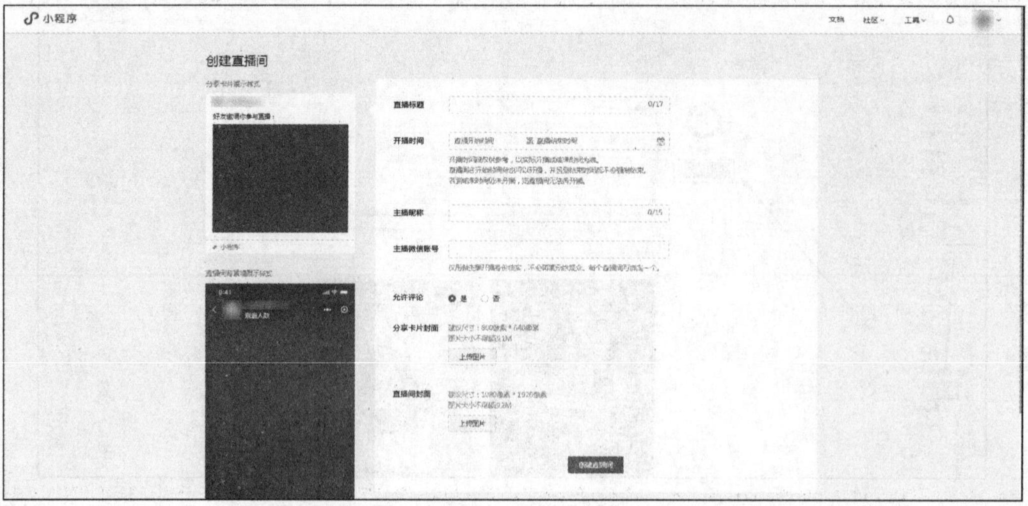

图 4-3　小程序直播间资料填写

注意

①所有选项均为必填项；②填写内容将以左侧预览图的形式展示给用户。

如图 4-4 所示，成功创建直播间后，可以进行分享直播间、添加运营资源、查看推流小程序码操作。

分享直播间：可以获取直播间小程序码，用于微信聊天等渠道分享。

添加运营资源：可在直播间添加商品、抽奖活动等。

查看推流小程序码：主播通过扫码可进入“小程序直播”发起直播。

图 4-4　小程序直播间创建成功后的界面

4.1.3　直播带货操作细则

开通直播间后，要准备好相对应的店铺和商品，同时做好直播前的准备与控制工作。

1. 后台添加商品

如图 4-5 所示，在微信小程序后台的【功能】-【直播】-【商品库】中，单击“添加商品”。

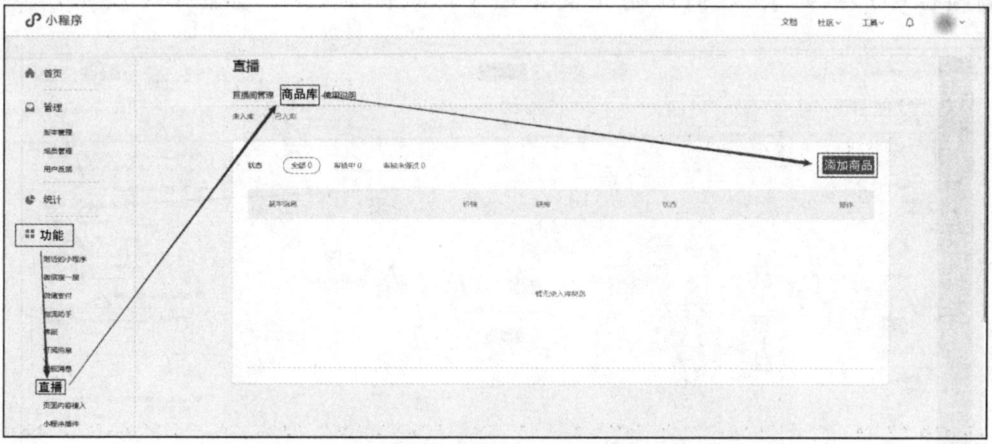

图 4-5　微信小程序直播添加商品入口

> **注意**
>
> 商品入库前需经过微信审核，审核时间为 1～7 天。只有已入库的商品才能添加到直播间的商品列表中，建议商家将直播的商品提前录入商品库。

如图 4-6 所示，按要求填写商品信息，包括商品封面、商品名称、价格形式、商品链接。填写完毕后可以扫码预览商品效果，确认无误后可提交微信审核。

图 4-6　填写商品信息界面

注意

每天最多提交审核 500 件商品。

获取商品链接：进入小程序，单击【设计小程序】-【流量】-【通用流量】-【页面路径和二维码】，获取服务页面路径（即商品链接），如图 4-7 所示。

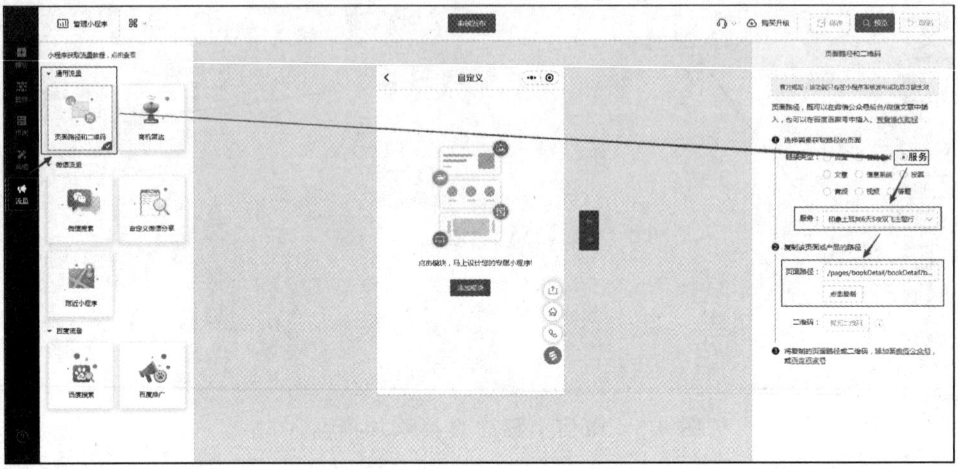

图 4-7　获取商品链接

进入微信小程序后台，单击【功能】-【直播】-【商品库】-【已入库】，查看审核通过的商品，此页面支持预览商品、修改价格、删除商品，如图 4-8 所示。

注意

已入库的商品上限为 2 000 件。

图 4-8　商品审核通过后的展示页面

2. 商品导入直播间

如图 4-9 所示，进入微信小程序后台，单击【功能】-【直播】-【直播间管理】，单击“运营”按钮，在“商品管理”选项下，可从商品库中将商品导入直播间。

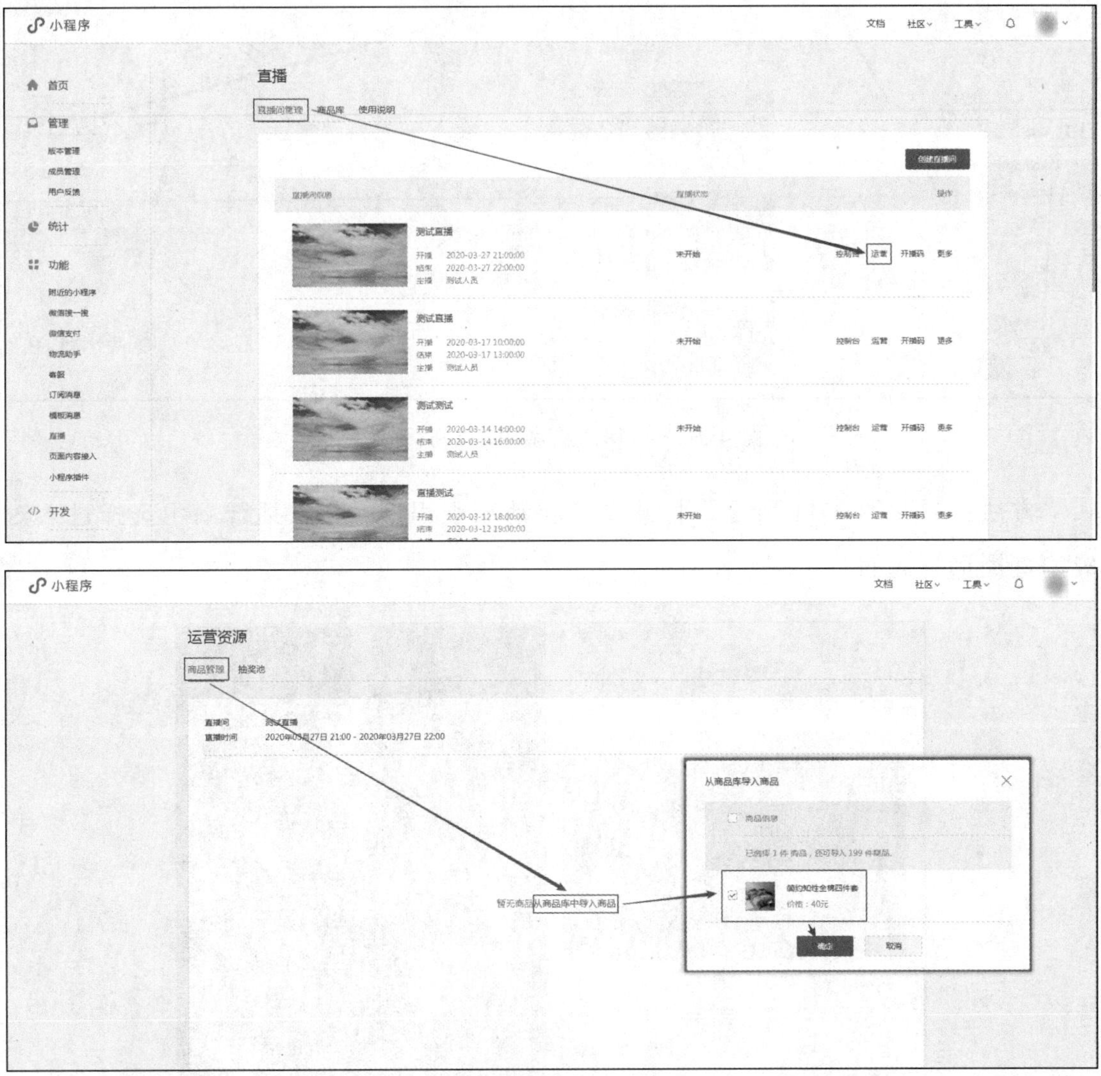

图 4-9 导入商品到直播间流程

注意

直播间商品上限为 200 件。

3. 主播开播

方法一：如图 4-10 所示，进入微信小程序后台，单击【功能】-【直播】-【直播间管理】，扫描直播间的开播码，即可进入对应的直播间发起直播。

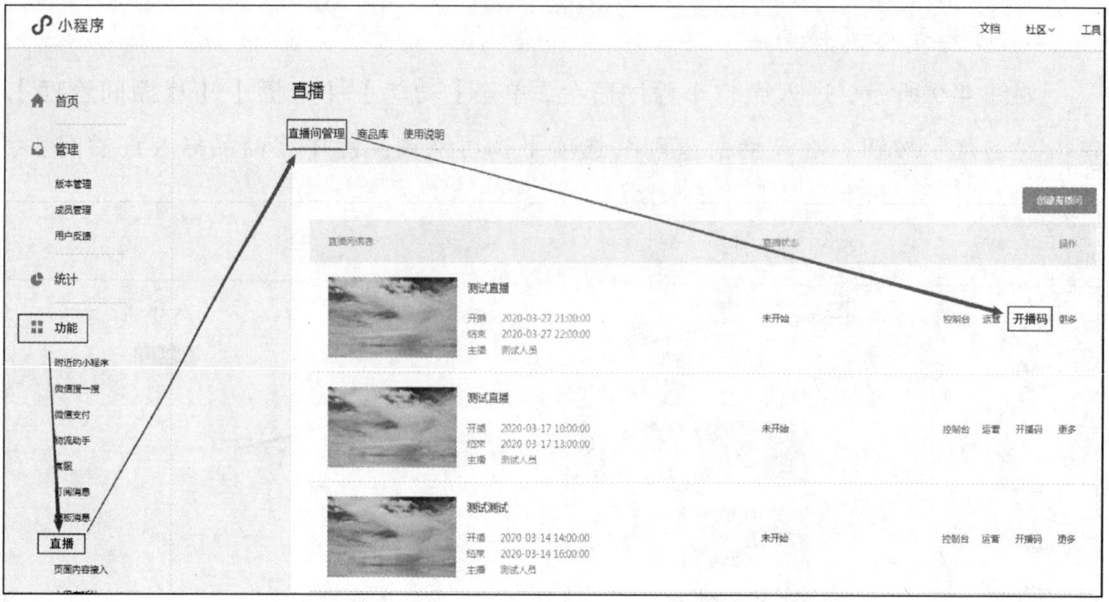

图 4-10　小程序直播 PC 端开播入口

方法二：如图 4-11 所示，打开主播移动端小程序，在直播计划中选择进入对应的直播间发起直播。

图 4-11　微信小程序直播移动端开播入口

4. 直播前准备

如图 4-12 所示，单击“发起直播”按钮，在直播开始前可以对画面与声音进行调试，支持进行美颜、美白、镜像等操作。调试完毕单击“确认开始”按钮，进行直播。

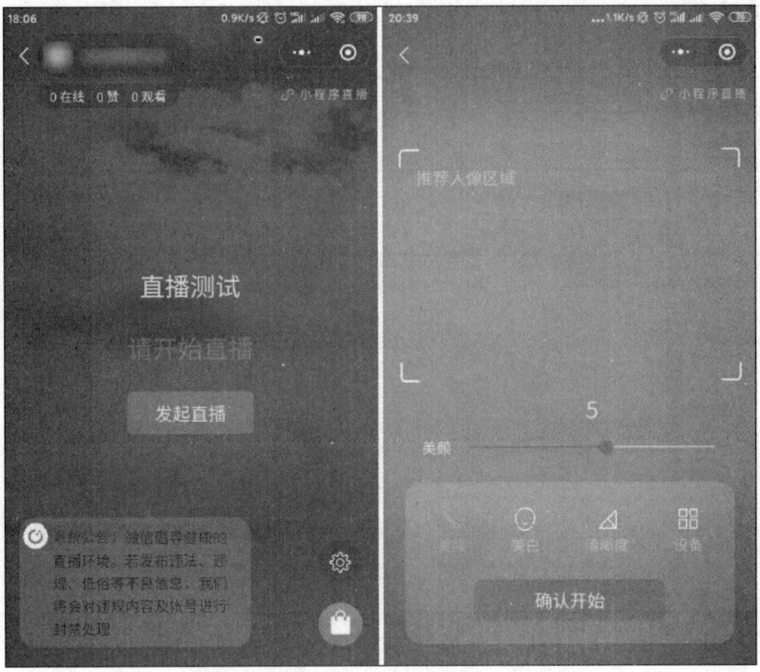

图 4-12 小程序直播开播调试

5. 直播控制

如图 4-13 所示，进入微信小程序后台，单击【功能】-【直播】-【直播间管理】，单击直播间的控制台可进入直播控制台页面。

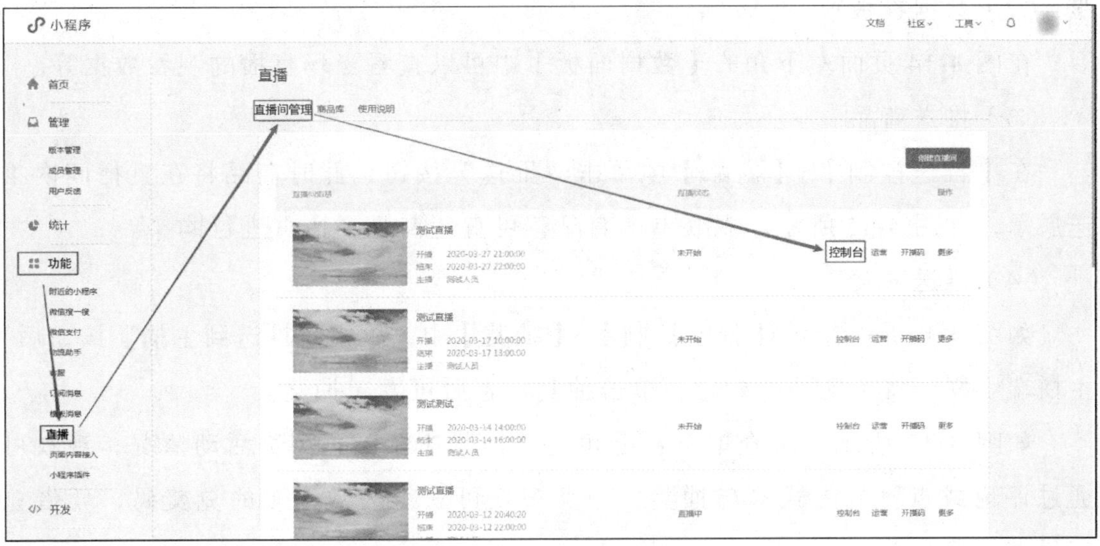

图 4-13 微信小程序直播的直播间控制台

（1）直播设置

如图 4-14 所示，在页面右上角的【直播设置】中，可进行关闭评论、暂停直播、停止直播操作。

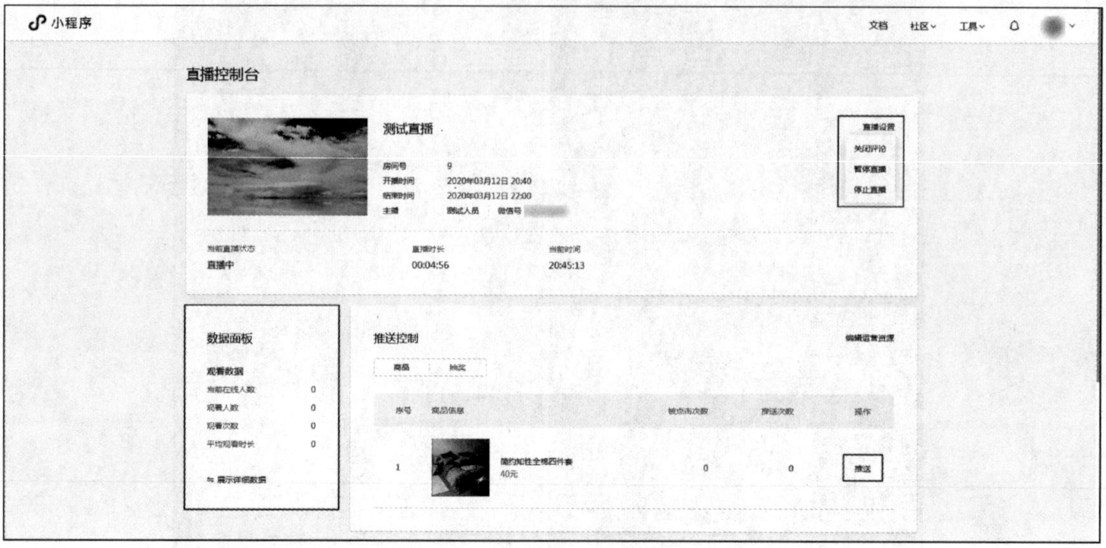

图 4-14　小程序直播设置及数据看板页面

关闭评论：关闭观众评论功能。

暂停直播：中止直播，最多可暂停 15 分钟，超过 15 分钟，直播将被强制结束。

停止直播：直接结束当场直播，不可续播。

（2）数据看板

在图 4-14 页面左下角的【数据面板】中可以查看当场直播的观看数据等。

（3）推送商品

在【推送控制】-【商品】中单击“推送”按钮，此时商品将在直播间内推送展示，如图 4-15 所示。观众单击商品，可直达商品详情页进行购买。

（4）推送抽奖

如图 4-16 所示，在【推送控制】-【抽奖】中，单击“推送到主播”按钮后，主播端小程序将出现抽奖标志，单击抽奖标志后可发起抽奖。

如图 4-17 所示，观众单击左上角的“抽奖礼盒”可浏览活动情况；观众可通过评论或点赞的方式参与抽奖；中奖观众可获得为数不多的兑奖码，凭借兑奖码进行奖品兑换。

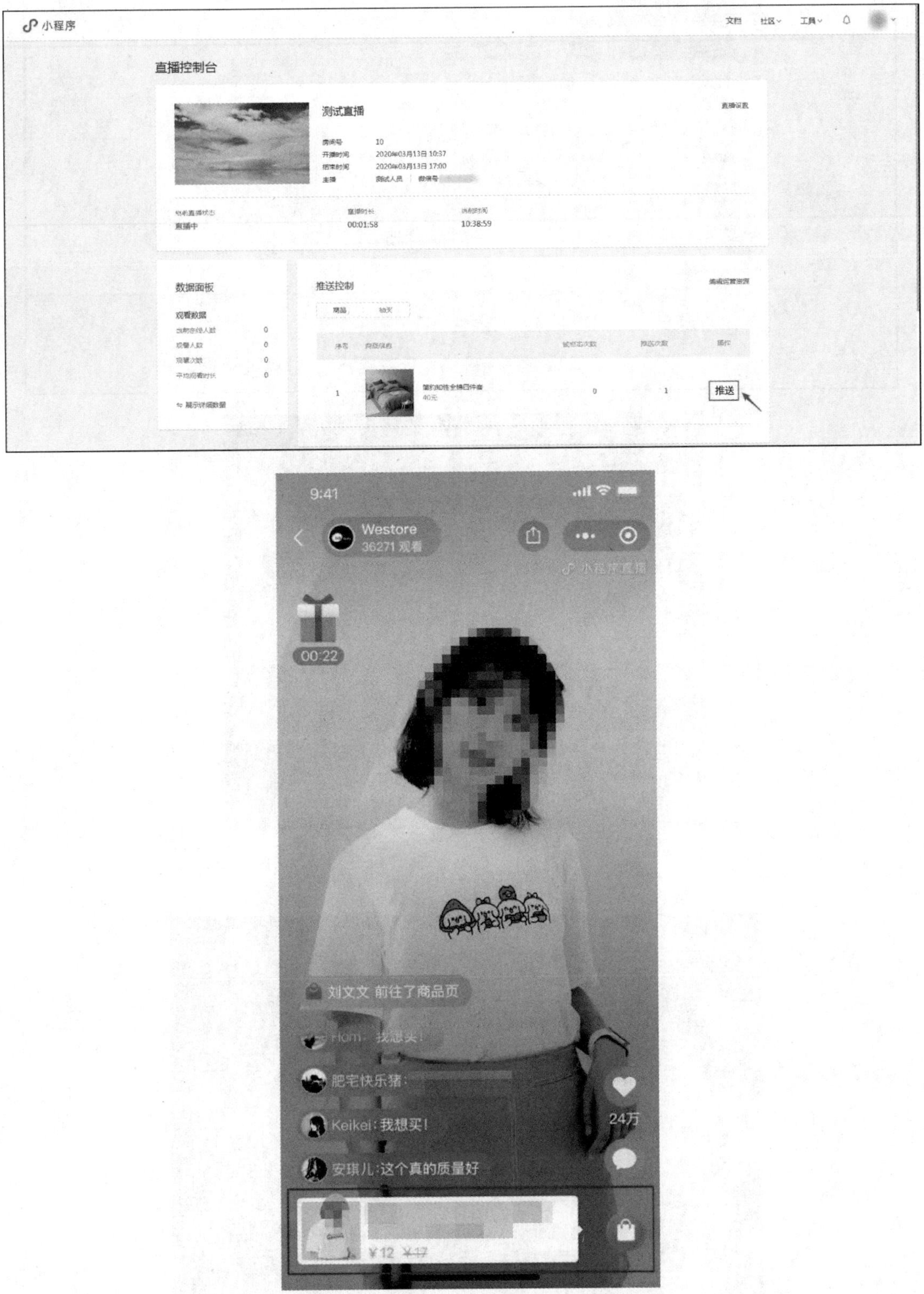

图 4-15 小程序直播商品推送入口及展示位置

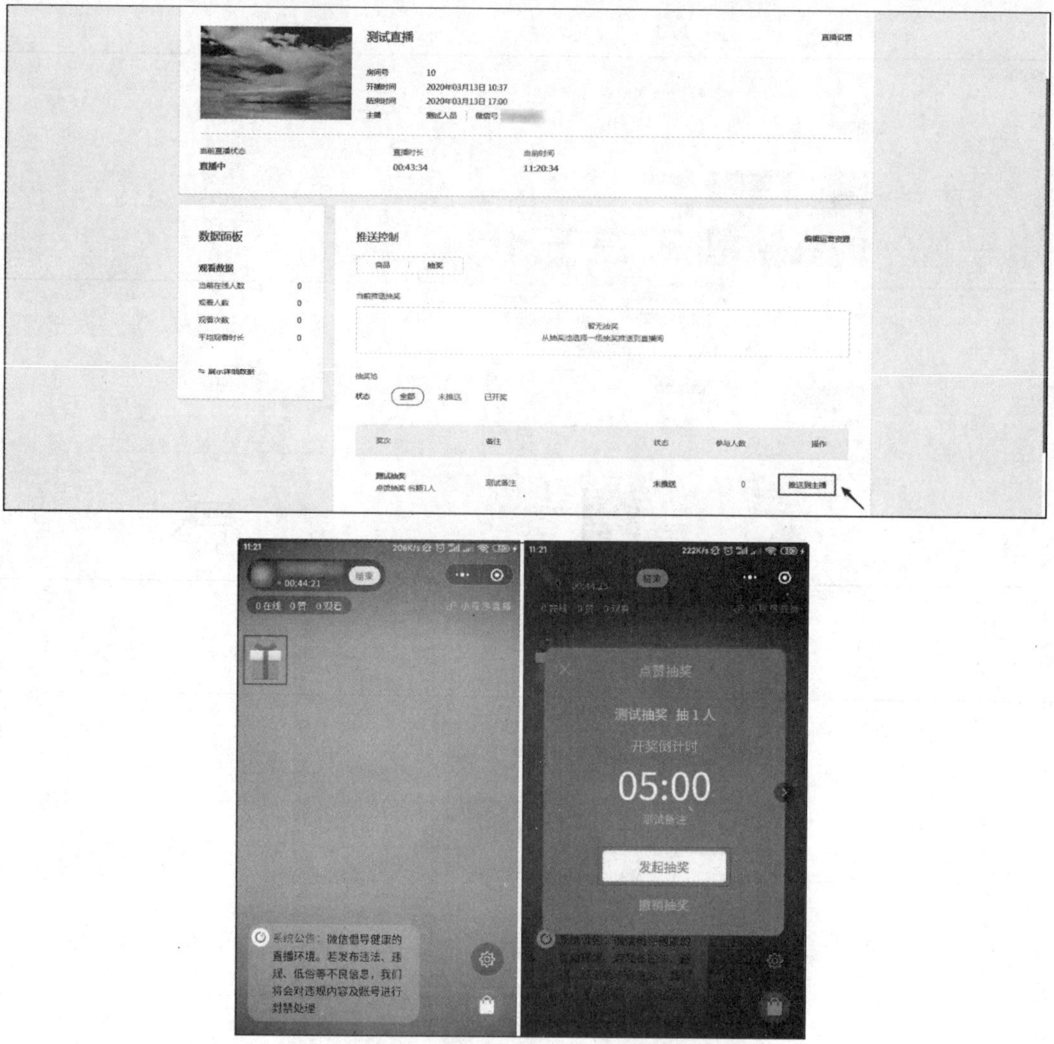

图 4-16 微信小程序直播抽奖推送设置流程

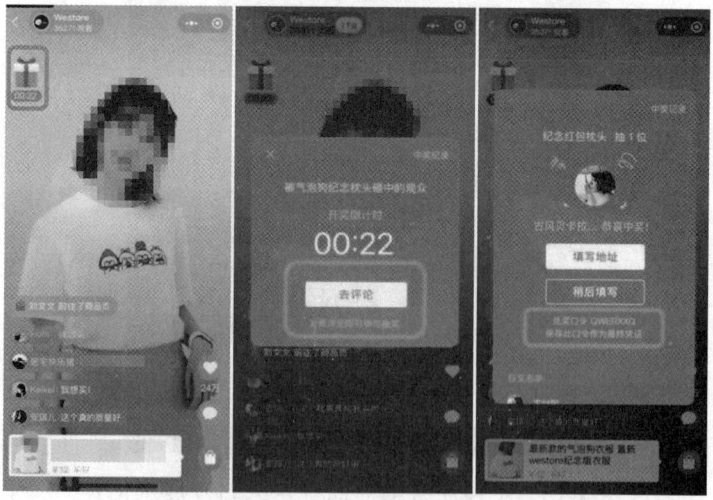

图 4-17 微信小程序直播用户参与抽奖及兑奖的流程

4.2 快手直播

快手直播最大的价值在于用户的高黏性，因此在与达人合作过程中用户会因为达人的推荐而关注企业的直播间，从而为直播间带来流量。

扫一扫看微课：

微课 4-2

4.2.1 规则说明

快手直播优先基于用户社交关注和兴趣来调控流量分发，主打“关注页”推荐内容。快手的弱运营管控直接链接内容创作者与“粉丝”，加强双方黏性，沉淀私域流量，诞生了信任度较高的“老铁关系”。

1. 流量规则

（1）该平台限制每天的关注数是 20 人，并且，当累计关注数到达 1500 后就不能再添加了。

（2）该平台优先基于用户社交关注和兴趣来调控流量分发，主打“关注页”推荐内容。

（3）持续的优质内容输出是快手直播获得流量的保证。

2. 开展方式

快手直播目前可以通过以下方式展开。

（1）与达人合作：找到快手直播的头部主播，通过打赏的方式进行“连麦”，直接从其他头部主播那里获得观看企业直播的用户。

（2）发布内容：通过对主播的人设打造，制作短视频内容，通过发布内容获得平台推荐的流量。

从投入上看，投入一定的成本预算是在快手直播获得流量的关键，流量获得形式有：达人挂榜连麦、平台推广投放、打赏引流（穿云箭）及其他直播间互动引流（评论、打赏等）。

4.2.2 开通操作

本节介绍快手直播的开通条件及开通方法。

1．开通条件

（1）观看快手视频时长达标：需要连续观看快手视频 7 天，每天至少一分钟。

（2）发布公开作品至少一个。

（3）满 18 岁。

（4）实名认证。

2．开通方法

（1）打开快手 App，更新到最新版本。如图 4-18 所示，通过手机号、QQ 或微信登录。

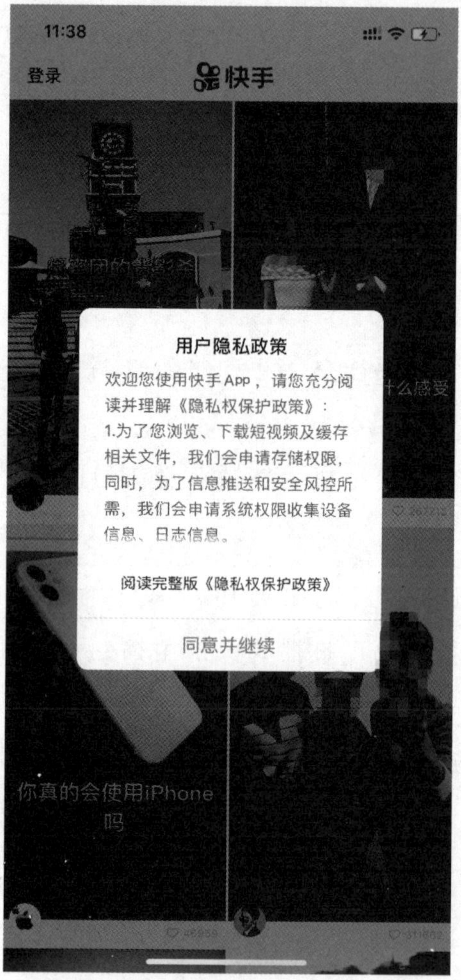

图 4-18　快手 App 登录界面

（2）单击左上角的三条横线，如图 4-19 所示。

（3）如图 4-20 所示，单击“设置”选项，选择开通直播。

图 4-19　快手直播入口

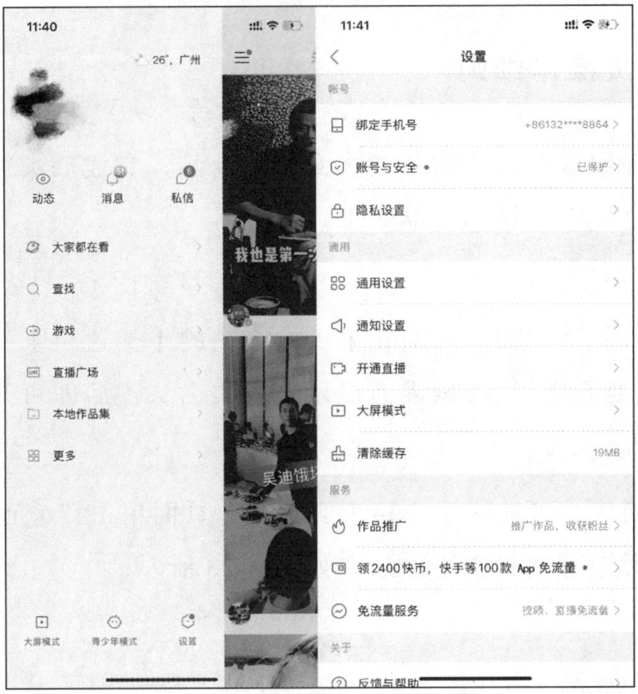

图 4-20　快手直播入口及设置方式

（4）如图 4-21 所示，进行实名认证，开通直播权限。

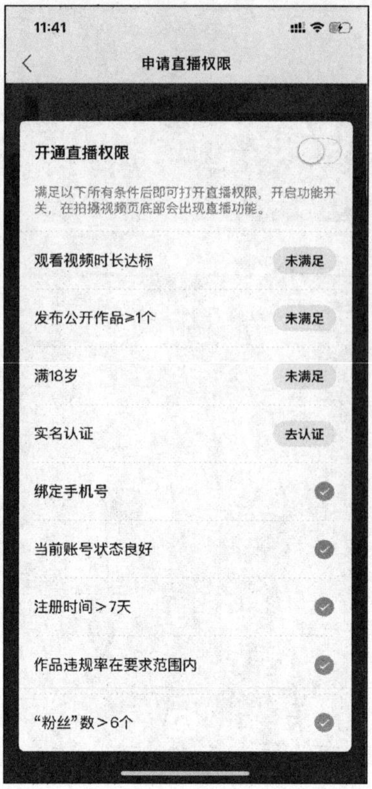

图 4-21　快手直播权限申请

4.2.3　直播带货操作细则

开通快手直播间后，大家需要增加商店和商品，完成后续直播带货的操作，快手小店可以满足快手直播的商品需求。

1. 开通快手小店

如图 4-22 所示，单击快手 App 主页左上角的【侧边栏】-【更多】-【小店订单】，单击"我要开店"，根据界面提示完成实名认证后即可开启快手小店。

2. 上架快手商品

开通快手小店后，可在快手小店（卖家端）页面单击"0 元开通"，根据界面提示填写好信息后即可上架快手商品，如图 4-23 所示。

3. 上传商品

（1）上传快手商品

如图 4-24 所示，打开快手小店（卖家端）页面，在"快手商品"下选择"添加商品"，按照提示填写内容，提交审核即可。

图 4-22 快手小店开通流程

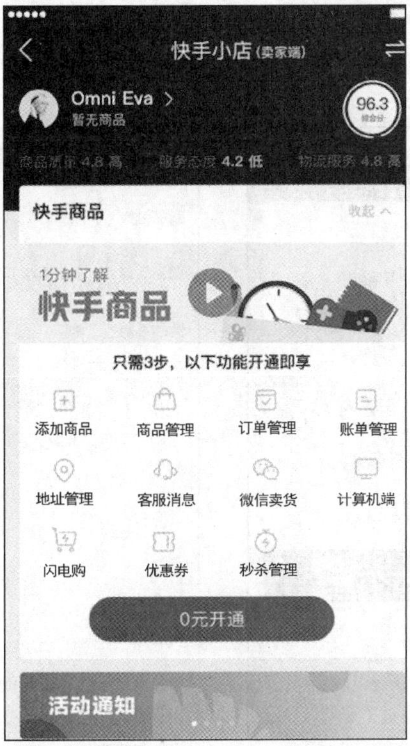

图 4-23 快手小店商品上传功能开通方式

图 4-24　快手小店商品上传流程

（2）上传其他平台商品（淘宝或京东店铺）

如图 4-25 所示，打开快手小店（卖家端）页面，在“其他平台商品”下选择“添加商品”，复制商品链接或口令后提交审核即可。

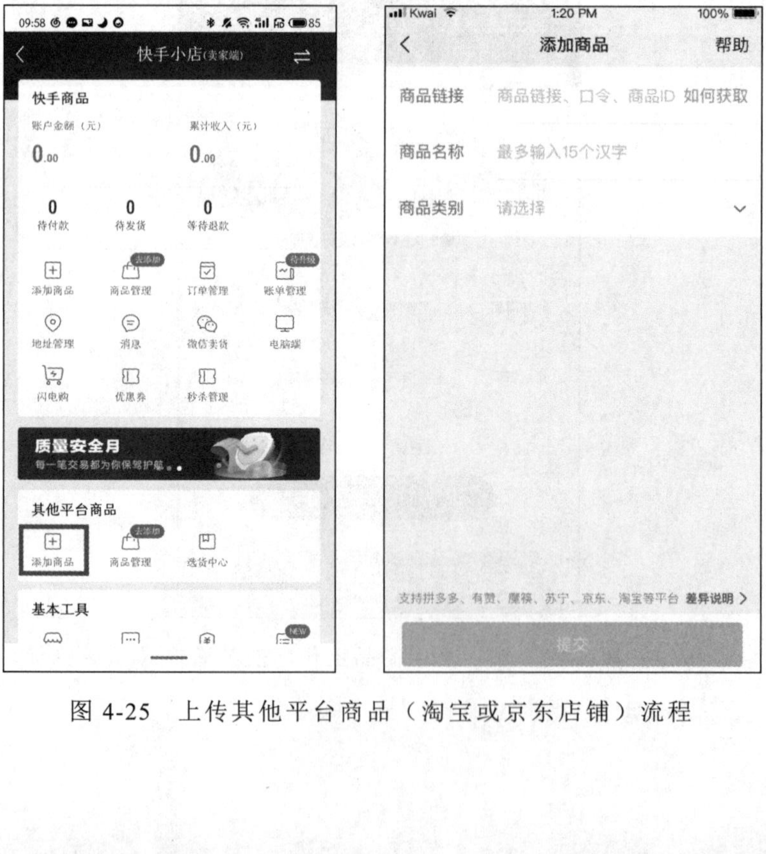

图 4-25　上传其他平台商品（淘宝或京东店铺）流程

4. 商品导入直播间

（1）如图 4-26 所示，在快手 App 首页单击右下角的“拍摄”按钮，进入直播页面。

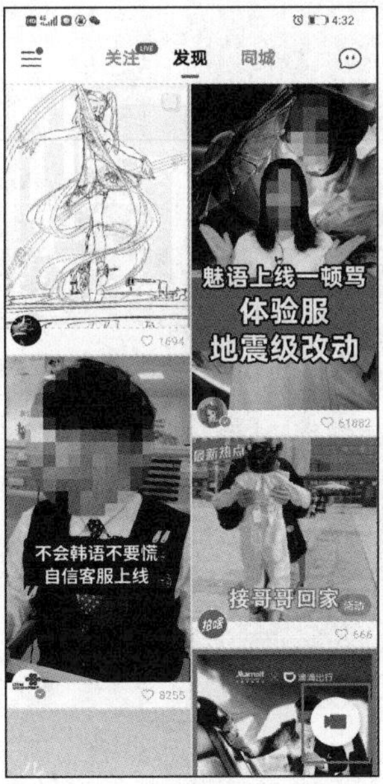

图 4-26 快手直播间开播入口

（2）如图 4-27 所示，勾选“本场直播我要卖货”，然后再单击“开始直播”。

图 4-27 快手直播带货进入方式

（3）如图 4-28 所示，单击“更多”按钮，勾选要售卖的商品，然后再单击“确定”按钮即可。

图 4-28　快手直播带货商品选择

（4）或单击“售卖商品”，在直播的时候加入售卖商品，如图 4-29 所示。

（5）如图 4-30 所示，选择本场要售卖的商品，与直播关联即可。

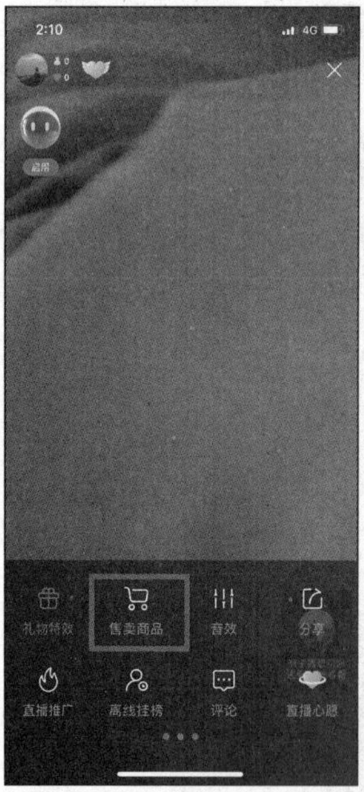

图 4-29　快手直播途中加入售卖商品

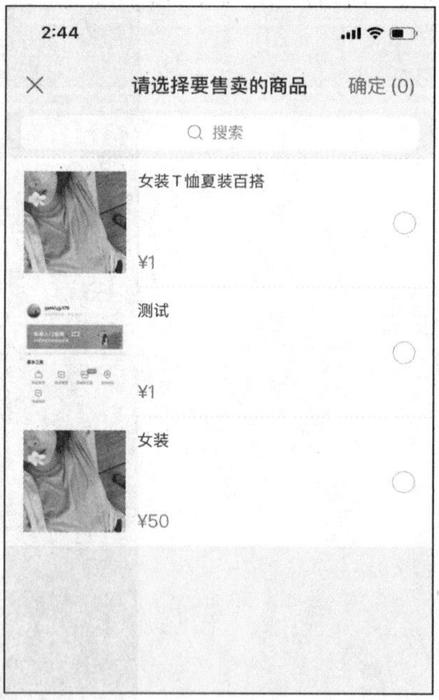

图 4-30　快手直播关联商品方式

4.3 抖音直播

抖音作为国内活跃用户最多的短视频平台，用户发布的内容只有符合平台的喜好，能引起平台观众的共鸣，才会有流量。

4.3.1 规则说明

抖音的重算法轻“粉丝”的流量逻辑来自于今日头条的成功，作为区别于搜索和社交的信息推荐模型，将内容和用户进行匹配，通过系统进行精准推荐是这个算法的核心。

1. 流量规则

（1）抖音直播开通后，系统会分配一个初始流量池，推荐有300人次左右的播放量。系统通过算法给符合要求的视频更多的曝光机会。

（2）新人主播的主要流量来自于附近的人以及视频推荐。

（3）直播前一个小时发布视频，视频如果上了热门，就会有不断的流量进入直播间。同时，视频处于热门的时间，也是非常好的开播时间。

2. 开展方式

抖音短视频的内容能力是企业能否做好抖音直播的首要因素。抖音直播的流量获取策略如下。

直播预告：昵称添加直播时间、个人简介添加直播时间、制作直播预告相应的短视频。

直播引流：定时发布与直播相关的短视频内容，在直播过程中同步更新，用短视频给直播间引流。

达人连麦 PK：通过抖音提供的随机连麦方式，通过互动相互引流。

打赏引流：道具“传送门”。

热门直播间引流：打赏或评论等。

4.3.2 开通操作

本节主要介绍抖音直播的开通条件及其开通操作流程。

1. 开通条件

（1）开抖音号。

（2）实名认证。

（3）企业直播需要认证蓝 v 企业号。

2. 开通方法

（1）先将抖音升级至最新版，如图 4-31 所示，进入抖音 App，单击首页下方的“+”按钮。

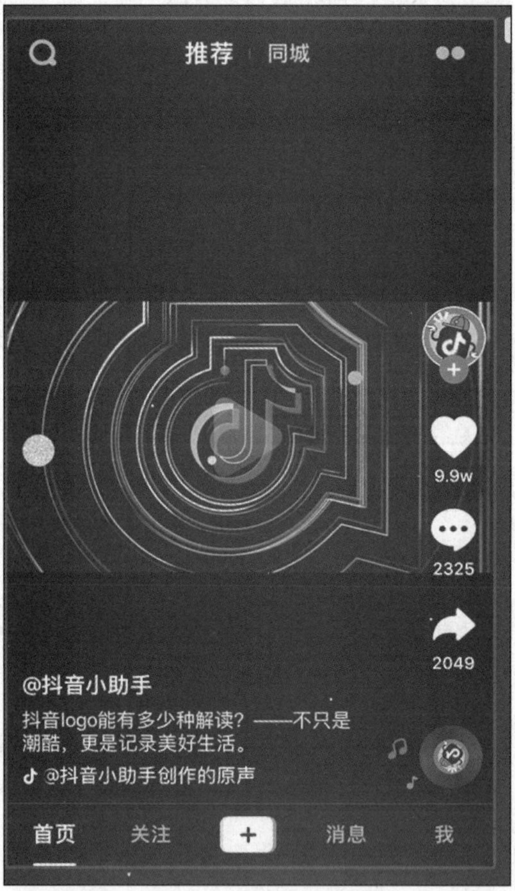

图 4-31 抖音直播开通入口

（2）如图 4-32 所示，进入拍摄页面后将拍摄模式切换至直播，然后单击“开始视频直播”即可。

（3）如需要开启游戏直播，将开播页面上方的开播模式切换为“PC 游戏”，按步骤开播即可，如图 4-33 所示。

图 4-32　抖音直播进入方式

图 4-33　抖音直播切换游戏直播模式

4.3.3　直播带货操作细则

抖音直播的商品店铺支持抖音小店及淘宝、京东等联盟平台。

1．开通商品分享功能

申请方式：如图 4-34 所示，登录抖音 App，单击界面右下角的【我】，然后在出现的界面中单击右上角的【更多】，在下拉选项中单击【创作者服务中心】，进入创作者服务中心页面，单击界面中间的【商品橱窗】，弹出“商品橱窗”对话框，单击界面中的“开通小店”，接着单击【立即入驻】按钮，最后根据界面提示提交资料开通抖店，分享优质好物即可。

申请要求：实名认证，个人视频数（公开且审核通过）≥10，账号“粉丝”量≥1 000。

图 4-34 抖音直播开通商品分享方式

2. 选择商品分享来源

（1）抖音小店商品

抖音小店入驻条件：绑定抖音账号，账号“粉丝”数≥30。

流程：①商家登录账号；②试用店铺；③商家选择店铺类型；④商家填写主体信息；⑤商家填写店铺信息；⑥商家签署合同；⑦平台审核信息；⑧打款互验；⑨商家缴纳保证金。

（2）各联盟平台

淘宝、天猫、京东、考拉、唯品会、苏宁等。

3. 开播前添加商品

（1）开播前将商品添加进“商品橱窗”

流程：①单击【商品橱窗】；②单击【商品橱窗管理】；③单击【添加商品】；④选择不同渠道的商品；⑤单击【加橱窗】；⑥填写商品标题、分类，完成编辑，如图 4-35 所示。

图 4-35　抖音直播添加商品进商品橱窗流程

图 4-35　抖音直播添加商品进商品橱窗流程（续）

注意

分享的商品需要提前添加到【商品橱窗】，直播时只能添加商品橱窗中的商品。

（2）直播时从【商品橱窗】中选品

流程：①在直播间单击“商品”；②选择直播商品；③开始视频直播；④选择购物袋，直播选品，如图 4-36 所示。

图 4-36　抖音直播从商品橱窗中选品流程

4．发放小店优惠券

流程：①进入【购物袋】绑券；②输入优惠券号绑定；③发券；④用户领取优惠券，如图 4-37 所示。

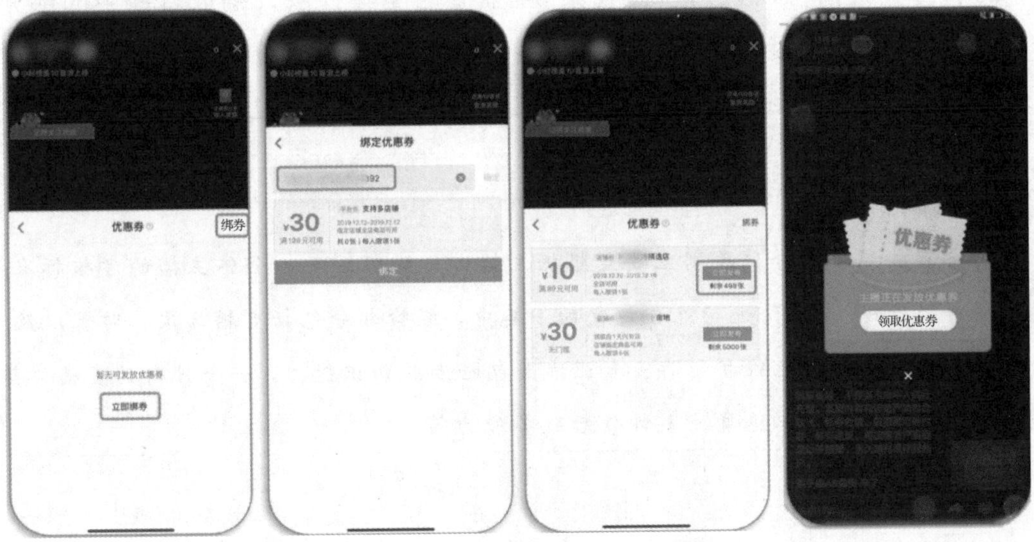

图 4-37　抖音直播发放小店优惠券流程

4.4　淘宝直播

淘宝直播同时拥有私域流量和公域流量，是典型的混合域直播方式，流量的来源一方面是电商店铺原来的“粉丝”，另一方面是淘宝直播根据直播间权重推荐的流量。

4.4.1　规则说明

相比其他直播平台而言，淘宝直播是以货为中心的直播形式，用户在淘宝直播更类似“逛街”的感觉，购物目的相对明确。这就决定了企业要想做好淘宝直播，要有较好的电商运营能力，需要具备产品好、易展示（类似买家秀）和快转化的条件。

1．流量规则

（1）淘宝平台上 90%以上的直播都是商家自播，而不是达人直播。

（2）对于没有粉丝的商家来说，浮现权是必须要去开通的。只有开通了浮现权，直播才有机会展示在淘宝的直播频道。浮现权的要求是月开播的场次大于 8 场，月开播的天数大于 8 天，经验分数大于 3000 分。

（3）淘宝直播可以采用“短视频+直播”的配套打法，摘取直播中的部分片段，放到抖音、快手之类的短视频平台，用内容加大流量分发，最后将流量引流到淘宝直播店铺。

小贴士

淘宝直播流量的分配原则主要是根据主播进行分级运营，全体主播的考核标准都是根据“经验+专业值”进行综合评定的。其中，经验部分包括直播场次、时长以及平台活动参与完成和粉丝维护留存。专业方面包括专业知识能力，一个月内的直播订单、进店转化率，以及订单退货、差评售后服务能力等。

2. 开展方式

（1）店铺直播：淘宝为目前直播电商模式最为成熟的平台，主要分为红人带货+商家自播，90%直播场次和 70%成交额来自商家自播。淘宝直播进店转化率超 60%，但退货率较高。淘宝 App 月活跃用户为 6.5 亿，淘宝直播 App 月活跃用户为 7 500 万，用户基数庞大，但应用社交属性较低。

（2）与达人合作：导流到店，独立成交。

4.4.2 开通操作

本节主要介绍淘宝直播的开通条件和开通方法。

1. 开通条件

（1）淘宝直播需要企业或个人已经拥有淘系店铺（天猫或淘宝）。

（2）店铺为一钻以上（包含一钻）。

（3）实名认证。

注意

个人未拥有店铺需要成为淘宝达人，才可以开通直播。

2. 开通方法

支持移动端和 PC 端两种开通方法。

（1）移动端开通

淘宝直播移动端开通流程如图 4-38 所示。①下载淘宝主播 App；②实名认证注册淘宝主播；③发起直播，开启地理定位；④添加商品；⑤开启直播。

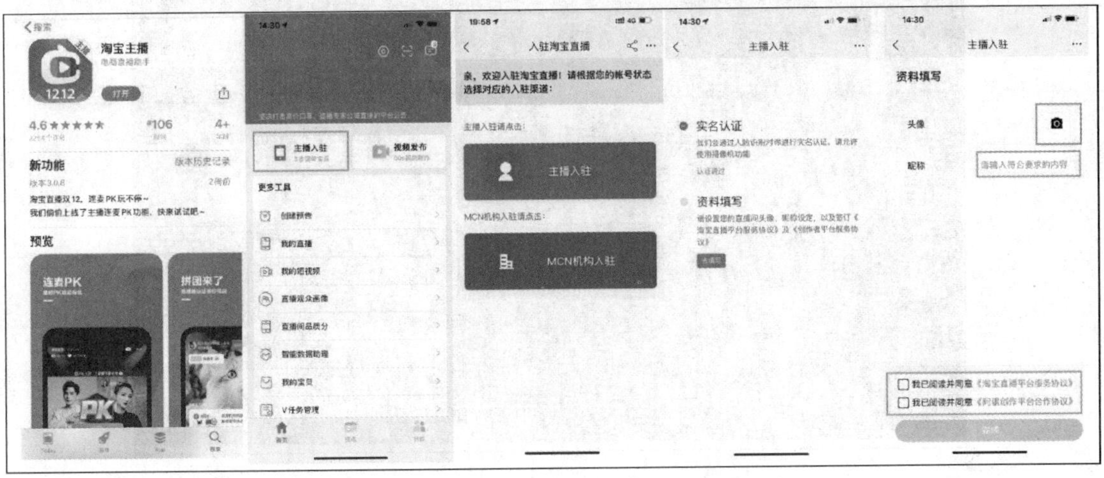

图 4-38　淘宝直播移动端开通流程

（2）PC 端开通

① 下载安装 PC 端直播软件，如图 4-39 所示。可登录淘宝直播中控台，单击直播预览画面右上角的设置按钮，在弹出的“直播画面设置”对话框中，选择“PC 端工具开播”，最后单击“Windows 下载”，等待下载完成后安装即可。

图 4-39　淘宝直播 PC 端开通流程

② 打开淘宝直播 PC 端。淘宝直播 PC 端开播工具可以实现高清画质直播间，丰富直播内容和玩法。淘宝直播 PC 端后台界面如图 4-40 所示。

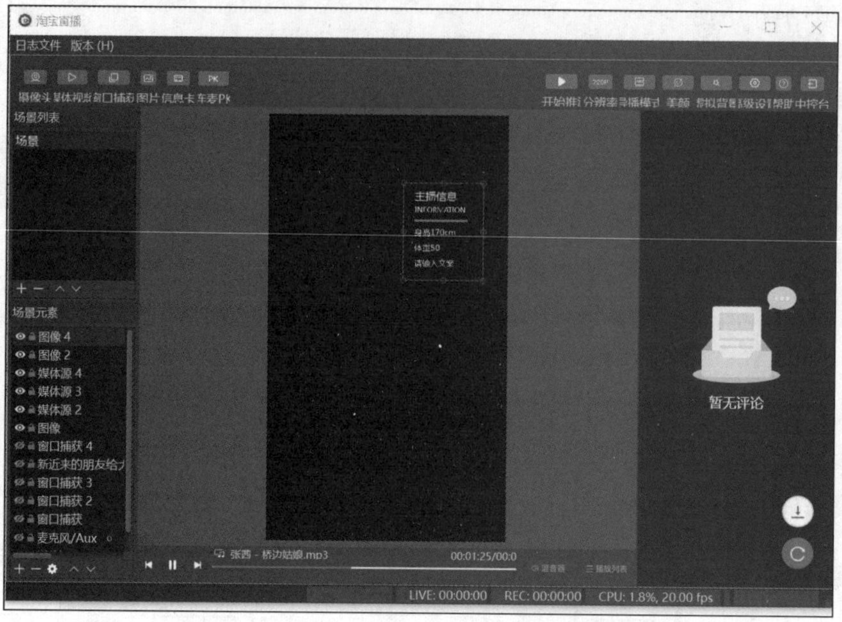

图 4-40 淘宝直播 PC 端后台界面

③ 设置调试直播间。

④ 开始推流。

⑤ 正式开播。

4.4.3 直播带货操作细则

淘宝直播可以直接跳转淘宝及天猫商城的商品，购物更加方便。

1. 发布预告

在淘宝直播中控台，选择左侧菜单中的【直播管理-我的直播】，然后单击页面右上角的“创建直播”按钮；进入“发布直播”页面，选择其中的“普通直播”，即可发布直播预告，淘宝直播发布预告流程如图 4-41 所示。

2. 直播间调试

开启美颜功能：单击淘宝直播电脑端软件页面上的【美颜】按钮，在弹出的窗口右上角开启美颜功能，可调整美颜相关参数，使效果达到最佳。淘宝直播开启美颜流程如图 4-42 所示。

图 4-41 淘宝直播发布预告流程

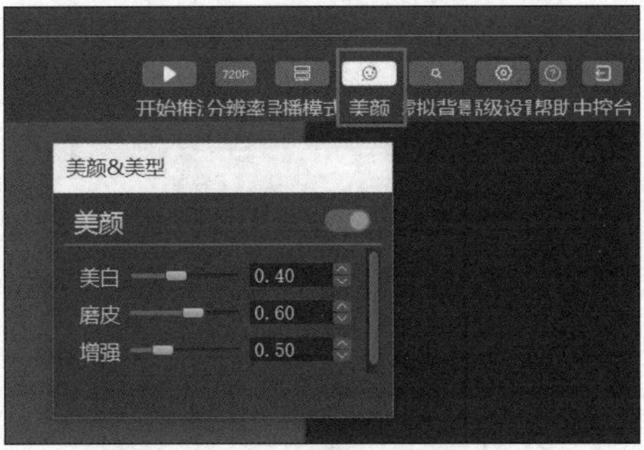

图 4-42 淘宝直播开启美颜流程

添加信息小卡：单击淘宝直播软件上的“信息卡”按钮，弹出“信息卡添加”窗口，先创建信息卡，然后单击“添加到画面”按钮，将创建好的信息卡添加到直播画面中，在直播画面中选中信息卡，用拖曳的方法可调整信息卡的大小和位置，也可以用同样的方法添加轮播条。淘宝直播添加信息小卡流程如图 4-43 所示。

添加直播间挂件：单击淘宝直播软件左上角的“图片”按钮，在弹出的窗口中选择一张图片，然后单击“确定”按钮，添加图片到画面中，在画面中选中图片，拖拽可调整图片的大小和位置，可用同样的方法添加 gif 动态图片。淘宝直播添加挂件流程如图 4-44 所示。

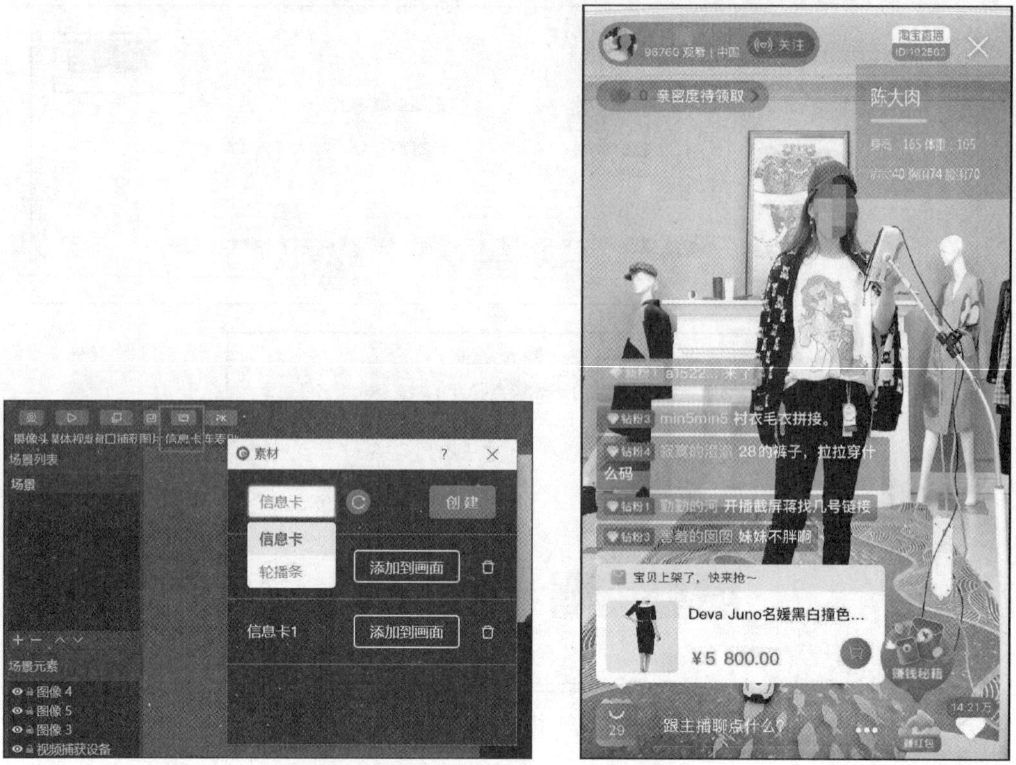

图 4-43　淘宝直播添加信息小卡流程

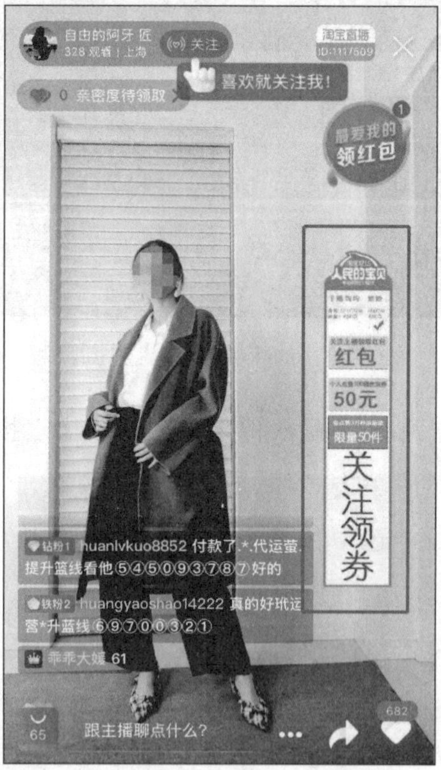

图 4-44　淘宝直播添加挂件流程

直播间添加背景音乐：单击淘宝直播软件右下角的“播放列表”，弹出播放列表的窗口，在该窗口单击右上角的“添加音乐”，即可添加背景音乐。淘宝直播添加背景音乐界面如图 4-45 所示。

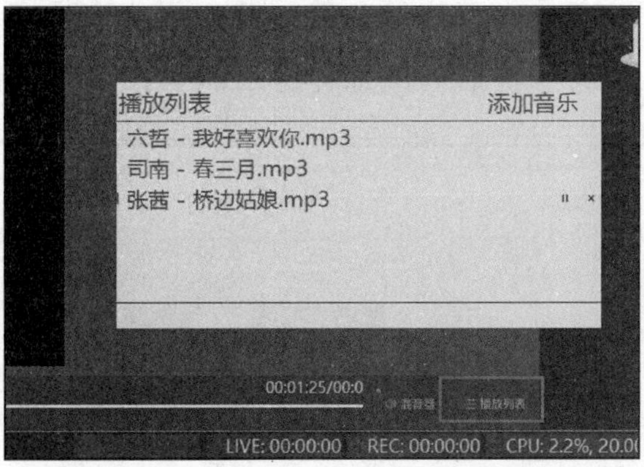

图 4-45　淘宝直播添加背景音乐界面

设置直播间公告：在淘宝直播中控台的互动面板中单击“公告”菜单，在弹出的窗口中可输入公告内容（最多 60 字），然后单击“确认”按钮，即可发送直播间公告，这时观众屏幕顶部会出现一条红色背景的文字公告，淘宝直播公告设置流程如图 4-46 所示。

图 4-46　淘宝直播公告设置流程

3. 直播间添加商品

在淘宝直播中控台的互动面板，单击【宝贝】菜单，在弹出的添加宝贝窗口，可输入任意淘宝商品链接，然后单击“获取宝贝”按钮，在获取的产品图片右上角勾选默认或者自定义商品优惠信息，然后单击窗口右下角的“确认”按钮，即可添加商品到直播间。淘宝直播间添加商品流程如图 4-47 所示。

图 4-47　淘宝直播间添加商品流程

4. 参加官方直播活动

主播应关注官方最新的活动信息，按照活动相关要求报名，报名通过则会获得活动会场的流量支持。

获取官方活动的方式：①关注淘宝主播 App 资讯，这里会经常公布官方最近的活动信息；②关注官方群消息，很多活动信息会在群里通知；③关注淘宝直播白皮书，官方活动信息会不定期在白皮书中更新。

活动介绍：①档口直播活动：最近官方主推的活动，专门针对档口主播，符合条件的主播可以报名参加；②排位赛：每月一次的官方直播活动，所有主播都可参加；③行业活动：如食品、服装、美妆等行业每月都会举行直播活动，符合报名条件的都可以报名参与；④官方大促：如“双 11”“双 12”、年货节等官方大促活动，官方会有流量扶持。淘宝直播活动展示如图 4-48 所示。

图 4-48　淘宝直播活动展示

归纳与提升

腾讯直播最大的价值在于私域流量的开发和持续沉淀，实现工具化的社交裂变。快手直播最大的价值在于用户的高活跃黏性，因此，在与达人合作过程中，用户会因为达人的推荐而关注企业的直播间，内容在获得用户喜欢的情况下，也能给直播间带来流量。抖音作为国内活跃用户最多的短视频平台，流量的来源要依靠短视频内容的制作和发布的内容符合平台的喜好，能引起平台观众的共鸣，直播才会有流量。淘宝直播是典型的混合域直播方式，流量的来源一方面是电商店铺原来的“粉丝”，另一方面是淘宝直播根据直播间权重推荐的流量。相比其他直播平台而言，淘宝直播是纯卖货的平台，用户在淘宝直播更类似“逛街”的感觉，购物目的相对明确。这就决定了企业要有好的电商运营能力，需要具备产品好、易展示（类似买家秀）和快转化的条件。

因此，电商直播的平台并没有优劣之分，选择的标准如下：

企业的内容能力强，首选抖音快手；

企业的产品能力强，首选淘宝直播；

企业的运营能力强，首选腾讯直播。

名词解释

流量规则；“粉丝”群维护；直播间调试

复习思考题

1. 腾讯直播有哪些平台和入口？

2. 各直播平台的流量规则有什么区别，如何选择合适的直播平台？

3. 如何开通快手小店？

4. 淘宝直播直播间调试需要注意什么？

5. 淘宝直播如何参加官方直播活动？

场景实训

为提高对各直播平台的实操经验，我们将进行下述实训操作。

【实训目标】

1. 熟悉不同直播平台的区别；

2. 掌握任一平台的深度操作；

3. 掌握直播电商平台的选择。

【实训内容】

选择任意直播平台，完成从开通、调试到添加商品、开展直播等全流程操作实训。

【实训要求】

1. 选择平台时要清楚选择对应平台的原因；

2. 通过“粉丝”群维护、优化直播间内容等运营方式，争取将直播间在线人数增加到1 000人以上。

第 5 章　直播电商的效果评估与改进

扫一扫看微课：

微课 5-1

学习目标

- 通过案例理解直播电商的效果评估过程
- 掌握直播电商的效果评估指标：流量指标、人气指标和转化指标
- 掌握直播电商的效果评判标准：品牌曝光、用户感受和转化成交
- 学会对直播电商进行复盘，对直播效果进行评估和改进

引例

《茜你一顿饭》直播数据复盘

《茜你一顿饭》是由十一号传媒和华盟新媒联合出品、叶一茜主持的全明星美食直播节目，该节目每期邀请不同的明星嘉宾做客叶一茜的私家厨房，开启美味直播。图 5-1 所示为该节目的海报。从 2016 年 7 月 15 日起，每周两天，该美食直播节目在优酷直播和手机淘宝直播双平台开播，开创了常态化明星直播综艺的全新模式。图 5-1 所示为《茜你一顿饭》直播海报。

图 5-1 《茜你一顿饭》直播海报

案例亮点：《茜你一顿饭》由叶一茜、大左、刘维、马松四位当红主持人组成“茜你家族”，是首档将美食、明星综艺、直播和电商完美结合的常态化明星直播节目。由叶一茜主持，该直播节目传递健康、时尚、家常的美食主张；与明星嘉宾畅聊私房话，奉上最新鲜热辣的明星八卦爆料，随时回答网友在直播过程中提出的问题，并进行多轮次的抽奖互动。《茜你一顿饭》首次实现了从内容到电商的全面打通，开启了“内容+互动+电商”的直播新玩法，为观众带来了升级版“边看边买”的一站式购物体验。

复盘数据：

- 7月15日第一期，主打商品销售1 634件，并有1 606人加入购物车。
- 9月5日第七期，关八会长花式打广告视频，微博播放36万次。
- 10月3日第十五期，直播峰值突破160万人。
- 10月17日第十九期，“粉丝”亲临现场，点赞数突破52万。
- 第一二季，直播流量总计近一亿。
- 20家微博大号27次直发/转发官方微博，转评数最高4 300余条。
- 话题阅读量累计1.5亿，相关话题4次登上微博热门榜。
- 252篇新闻稿件在35家平台投放，32次推首页焦点。
- 自媒体社交平台投放近70篇稿件，11篇阅读量过万。
- 10篇微信公关稿投放，阅读量最高超过10万。
- 16家App强强联合，累计135次首页推荐。

思考题：

1. 案例中直播电商的效果是通过哪些指标进行测量的？
2. 你觉得直播电商效果评估的最重要指标是什么？

从案例中的直播复盘数据我们可以对主播的直播效果做一个综合的评价。不同企业和主播对于直播电商效果的评价指标也不同，但基础指标基本一致。通常来说，直播电商的效果评估指标分为流量指标、人气指标和转化指标，而直播电商的效果评判标准和复盘都是根据这三个标准来进行的。

5.1 直播电商的效果评估指标

直播电商运营需要基于数据进行自检，有些数据是后台可以直接监测到的，有些数据则需要通过进一步的计算才能得出。通过数据分析达到盘活“粉丝”存量以及扩大“粉丝”增量的目的。盘活“粉丝”存量指的是将已有“粉丝”的积极性调动起来，扩大“粉丝”增量则是指要尽可能多地吸引新“粉丝”，这些数据在每场直播结束后，都能在后台系统中看到。不同的直播电商平台有不同的数据指标，但从直播电商的本质出发，通用的评估指标主要有3个：流量指标、人气指标和转化指标。

5.1.1 流量指标：在线人数

流量指标通常对应直播间的在线人数，在线人数指的是同时在线观看直播间的直播内容的用户数量。在线人数是直播间流量的核心指标，不同的直播平台有不同的流量评价指标，但通常最值得关注的流量指标就是在线人数。

总 PV（Page View），指总的页面浏览量或点击量，用户每访问直播间一次均被记录 1 次 PV。用户对同一页面多次访问，访问量累计。这个数据一般可以直接在后台获取。

总 UV（Unique Visitor），指访问直播间的总人数。在同一天内，进入直播间的用户最多被记录一次 UV。

“粉丝”UV 占比，是“粉丝”浏览人数与总 UV 之比。这个数据代表的是正常直播“粉丝”的观看率，如果一场直播数据中，“粉丝”UV 占比较高，说明本场直播的主题和已有“粉丝”的调性是匹配的，而且私域运营和前期预热做得很好。如果“粉丝”UV 占比低于 50%，则代表这场直播路人观看较多，完全没有吸引已有“粉丝”的注意，那么最大的问题就是要考虑如何盘活“粉丝”存量，也就是做好已有“粉丝”的运营与维护。

小贴士

直播观看人数的多少和在线人数的多少决定了直播间的水平和人气。目前很多大主播的直播间进入速度都非常快，如此叠加的在线人数也会很多，观看次数增长的速度也就更快。如此，人气非常好的直播间就会获得实时的热度，获得系统更多的推荐，从而获取更多的曝光机会。

在线人数要从两个纬度展开分析：在线人数的变化曲线和在线人数的稳定程度。

（1）在线人数的变化曲线：代表直播间的内容质量

随着单场直播的开展，在线人数的变化可以最直观地反映直播间的内容质量。在线人数的变化曲线会出现波峰和波谷，波峰代表直播间的人气峰值，波谷代表直播间的人气低谷。在大部分情况下，直播间在线人数的波峰是因为进行了引流的操作，而波谷的出现则是因为直播间没有办法留住引流进来的用户，出现了用户大量流失的情况。

（2）在线人数的稳定程度：代表直播间的用户黏性

随着多场次直播的开展，稳定的在线人数代表着用户对直播间的黏性。去除波峰、波谷的变化曲线，在线人数的稳定程度代表内容既能留住新用户又能吸引老用户的回流。对所有试图开展直播电商的个人或企业来说，只有持续地把新进入直播间的新用户转化成第二天还会回来观看直播的老用户，才能确保直播能持续开展。

课间案例

小米创始人雷军抖音直播首秀

2020年8月16日晚间，小米创始人、董事长兼CEO雷军在抖音直播首秀，2小时便突破“亿元”，截至2020年8月17日早上9点，雷军抖音直播首秀成交总额已达到2.1亿元，观看人数达到5 053万，这也创下了抖音直播带货的纪录。小米“粉丝”众多，庞大的在线人数是雷军直播首秀成功的保障和前提。

2020年8月16日晚，雷军亲自挑选20件好物，展示出10年小米以及小米生态链企业在产品上的硬实力。小米10至尊纪念版、RedmiK30至尊纪念版及Redmi智能电视MAX98分列三甲。

随着“8·16”雷军抖音直播秀的结束，小米十周年的系列庆典活动也宣告完美收官。从官方发布的信息来看，小米在线上和线下都取得了突破性的成绩。在小米十周年庆典活动中，Redmi智能电视MAX 98单日销量突破1 660台，成为明星产品。

5.1.2 人气指标：互动数量

人气指标对应直播间的互动数量。互动指的是用户在直播间的评论区发起评论或参与直播间设置的话题。互动数量是直播间人气活跃程度的核心指标，越是交互活跃的直播间，意味着用户对直播内容的参与程度越高。

“粉丝”互动率，即“粉丝”互动人数与“粉丝”UV之比。“粉丝”互动率的数据代表观看直播的“粉丝”中，和主播产生互动的频繁程度，可以是点赞、评论、转发等任意互动行为。此数据指标低的话，说明直播没有调动“粉丝”的积极性，需要主播团队考虑更有创新的玩法和互动。

“转粉”率，即新增“粉丝”数与路人观看数（观看人数减去“粉丝”回访数）之比。一个陌生用户，从进入直播间到最后购买的路径是：进入直播间—观看—感兴趣—关注—购买，所以直播的“转粉”率是衡量一场直播是否做得好的指标。提高“转粉”率主要是通过激励或者互动来提醒用户关注直播间。3 个月内的新人主播，直播间的“转粉”率通常在 1%～5%，这是相对正常的数据，比率偏低说明直播做得不够好，有待改进：比率过高容易被官方判定为“刷粉”的行为，对直播间信用会有一定的影响。非新人主播的“转粉”率一般维持在 4%～6%，这是比较理想的状态。

“转粉”率和销售转化率是对主播直播间内容质量考核的两个非常重要的指标，“转粉”率和销售转化率高的直播间也会吸引更多的公域流量。

互动数量要从两个纬度展开分析：新用户互动量和老用户互动量。

（1）新用户互动量

新用户互动量代表新用户进入直播间后，对直播中的内容产生兴趣，并受内容吸引参与其中。部分新用户的停留可能是猎奇，而能参与互动的新用户，通常被定义为直播间的优质用户。新用户的互动量决定了直播间能转化多少新用户成为老用户。

（2）老用户互动量

如果老用户除了能持续地观看某直播间的每一场直播之外，还能对每场直播的内容保持互动参与，代表老用户已经成为该直播间的“粉丝”。部分老用户回来观看可能是由于习惯，所以能持续参与互动的老用户，是直播间的优质“粉丝”。老用户的互动量多少决定了直播间的氛围好坏，越是好的互动氛围，直播间留下新用户的概率就越大。

5.1.3 转化指标：成交单量

成交单量是考核直播电商转化的核心指标，代表直播内容和电商销售达成了统一。结合流量指标和人气指标，成交单量要从以下两个纬度展开分析。

（1）成交单量与在线人数

直播间用户的精准程度可以用数值来衡量，即直播间用户的精准程度=成交单量/在线人数×100%。数值越低，精准程度越低，用户如果不精准，那么直播间就难以达成电商的销售转化。通常来说，每场直播精准程度数值都低于 3%意味着数值偏低，如 1 000 人在线至少要达成 30 单成交。

（2）成交单量与互动数量

直播间产品的内容策划质量同样可以用数值来衡量，即直播间产品的内容策划质量=成交单量/评论数据×100%。数值越低，代表策划质量越低。用户已经参与评论互动，但没有下单意愿，那么直播间就应当进行内容的调整。通常来说，直播间产品的内容策划质量数值每场直播都低于 5%意味着数值偏低。例如，1 000 条评论至少要达成 50 单成交量。

5.2 直播电商的效果判断标准

直播电商的效果并不存在唯一性判断标准，一切都与直播前设定的目标有关系，结合上文的数据指标和企业参与直播电商的目标，大体上可以分为三个情况对效果进行判断：品牌曝光、用户感受和转化成交。

扫一扫看微课：

微课 5-2

5.2.1 品牌曝光

直播的过程也是不断向用户传播内容的过程，因此直播可以成为企业或个人宣传产品和传播品牌的渠道。直播间的在线人数越多，代表内容的覆盖面越广，企业的产品和品牌可以植入在直播内容中，实现品牌曝光的需求。该标准主要考验的是直播间的流量指标（在线人数），只要流量指标达标，那么该场直播就可以认为是成功的。

5.2.2 用户感受

单纯观看直播的用户和喜欢直播间主播的“粉丝”的最大区别在于“粉丝”对主播是有情感信任的。直播过程是企业或个人建立用户情感信任的机会，因此直播可以成为企业或个人获得“粉丝”的渠道。直播间的互动越活跃，代表直播间出镜的主播与用户之间产生情感信任的概率越大。该标准主要考验的是直播间的人气指标，即互动数量，只要互动数量足够且其中老用户互动量占比达 20%以上，那么该场直播就可以认为是成功的。

小贴士

护肤品、保健品等商品，是消费者在使用后或交易后也无法清楚和验证其质量的一类商品，需要商家通过各种方式来增加消费者对于商品的信任度，如请知名人士代言、展示用户使用评价、提供专家报告。

5.2.3 转化成交

直播电商产品的销售转化，让直播的“粉丝”变成产品的客户，实现了从观看直播的用户、喜欢主播的“粉丝”到体验产品的客户的过程转变。在直播的过程中，用户和“粉丝”都是对直播内容的“消费”，而产品达成销售并送到他们手上进行体验的时候，代表从内容消费转向产品消费。该标准主要考验的是直播间的转化指标即成交单量，成交单量高，代表直播间的内容真正帮助了产品的销售转化，那么该场直播就可以认为是成功的。

例如，2019 年上半年红人直播带货持续火爆，各路明星纷纷入驻直播平台直播卖货，销量惊人。天猫“双 11”全天，淘宝直播带来的成交量接近 200 亿元，超过 10 个直播间引导成交过亿元。图 5-2 所示为 2019 年上半年中国网民对直播电商的转化率城市分布统计，艾媒数据显示，2019 年上半年中国三四线城市及县城网民对直播电商的转化率最高，达 46.1%；其次为村镇，转化率为 39.9%。

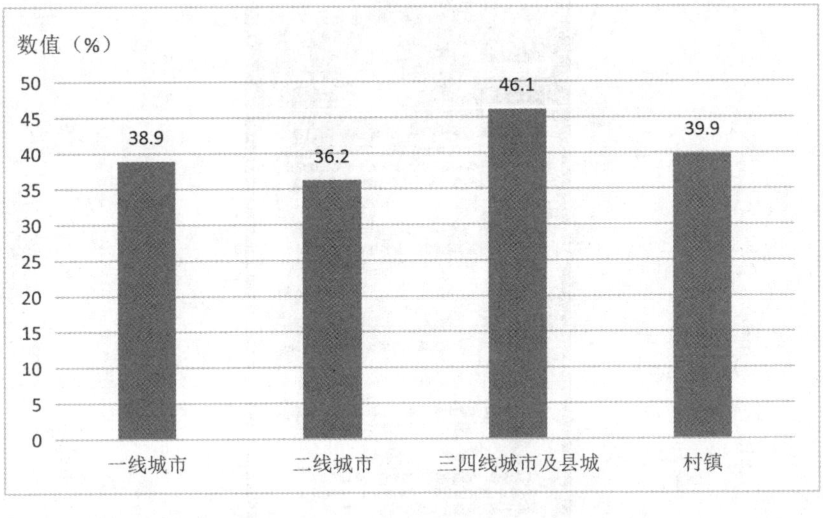

图 5-2　2019 年上半年中国网民对直播电商的转化率城市分布统计

5.3　直播电商复盘及改进

结合直播电商的效果评估指标和效果判断标准，我们可以从流量指标、人气指标和转化指标 3 个方面对直播电商进行复盘以及改进。

5.3.1　流量指标的复盘及改进

流量指标复盘结果不佳的原因通常为以下两种情况：在线人数少和在线人数不稳定。

1. 在线人数少

直播间长期停留在 100 人以内的在线人数可以判定为在线人数少。随着在线人数的提高，引流策略可以通过平台工具进行操作，但更主要的是受留存策略的影响。

改进策略：①优化直播场景中的背景标示；②调整直播出镜主播的话术引导；③强调对新用户的关注，及时地与进入直播间的新用户进行互动，让新用户有参与感。

图 5-3 所示为直播间互动抽奖活动，据图可知主播团队设置了只有在关注主播后才有中奖的可能，最后不仅将奖品送出去了，也引导了“粉丝”来关注，增加了在线人数。

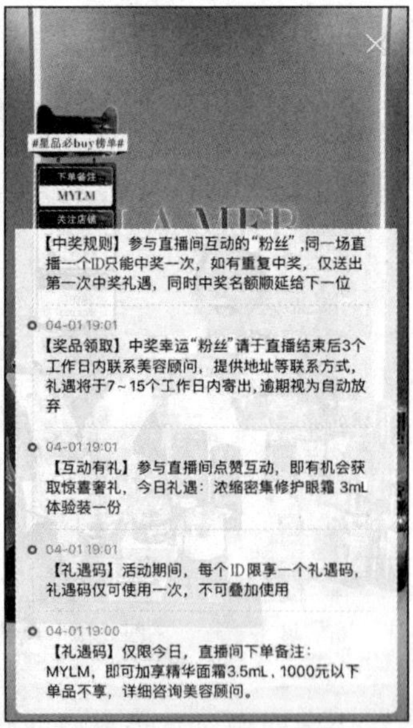

图 5-3　直播间互动抽奖活动

一般直播间抽奖的常规做法是在公屏里面扣“666”或者在公屏里面扣一个主播提出的特定“暗号”，然后截图，截图截到的账号名即代表中奖者。

不管是在直播间送福利还是抽奖，主播做的任何动作都必须对直播间流量以及转化有价值并起到促进作用。

另外，不同直播平台因为公域流量和私域流量占比不同，因此提高在线人数的方法也是有所区别的，以淘宝直播为例，提高淘宝直播在线人数的方法有很多。

（1）生意参谋功能截图如图 5-4 所示，主播团队可以随时掌握店铺销量及进销存管理，做到账务明细，利润结算，一步搞定。根据淘宝直播排名规则，观看到淘宝直播的观众会影响淘宝直播的排名，那么主播和卖家将引导买家在直播期间进行观看。淘宝直播的主播一般会采取送福利、红包、优惠券等方式来吸引买家，基本上所有的主播都会设计福利链接，并尽可能形成自己的风格和创意。

图 5-4　生意参谋功能截图

（2）淘宝直播的观众数量也会影响排名，那么主播和卖家应该学会“吸粉”，学会播出前进行宣传活动。淘宝直播是阿里巴巴推出的直播平台，定位于“消费类直播”，用户可“边看边买”，涵盖的范畴包括母婴、美妆、潮搭、美食、运动健身等。

（3）巧妙利用淘宝直播时段，错开直播大腕的巅峰，选择直播少的时段增加人气，先冲上排名，然后再去吸引更多“粉丝”，“粉丝”多了自然可以获得更高的排名。

（4）最重要的一点，引导买家去商店收藏宝贝、购买宝贝，淘宝直播不同于其他直播平台，淘宝直播最重要的目的就是销售商品。

2. 在线人数不稳定

直播间的在线人数中老用户的比例是在线人数稳定的保障，因此要确保老用户能持续地回来看直播。

改进策略：①固定开播时间，让老用户养成观看习惯；②强化直播预告，提高初次看直播的新用户转化成老用户的概率；③进行社群运营，运营人员通过私信的方式，逐步引导老用户添加运营人员的微信，组建“粉丝”社群，方便老用户在直播期间可以快速进入直播间。

图 5-5 所示为不同直播同单场直播在线人数监测，直播间 A 在线人数非常不稳定，流量达到最高峰后一直处于下滑状态，直至下播。直播间 B 在线人数相对稳定，且有一定的规律性。纵观头部主播的在线人数统计，几乎都可以找到一定的规律性。稳定的在线人数，就源于对节奏的把控，也是专业主播和业余主播的最大区别。如何把控节奏，关键在于脚本。越新的主播，需要越细的脚本，最好能精确到每分钟。而老手主播，注意好话题脚本就可以了。

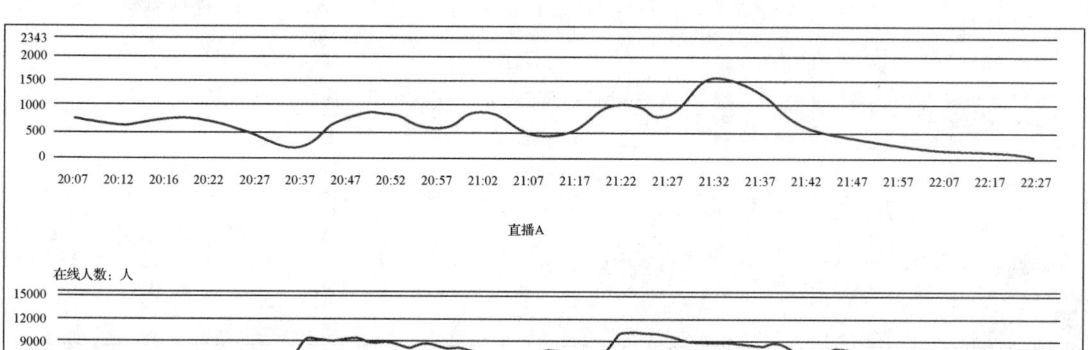

图 5-5 不同直播间单场直播在线人数监测

5.3.2 人气指标的复盘及改进

人气指标复盘结果不佳的原因通常为新、旧用户互动量低。

1. 新用户互动量低

直播间的新用户在进入直播间后，没有退出直播间，但是也没有参与评论互动，意味着新用户互动量低。

改进策略：①强化直播间运营人员的互动引导，让进入直播间的新用户可以快速找到参与直播互动的方式；②调整直播间的游戏或玩法，避免新用户不知道如何参与到互动中来。

很多时候，直播带货不是一蹴而就的，需要一个循序渐进的过程，让用户经历一个从陌生—熟悉—信任—购买的过程，而直播互动技巧在中间起到关键作用。直播互动技巧可以直接影响直播间的人气和最终转化率。直播互动技巧可直接影响直播间的氛围和人气，只有直播间有人气，才会有趣味；只有有趣味，游客才会停留。而“粉丝”在直播间进行停留，我们才有机会进行后续的成交转化。连麦是直播间互动的有效技巧之一，特别是和铁杆“粉丝”连麦，可以调动“粉丝”的积极性。图 5-6 所示是主播连麦场景。

图 5-6　主播连麦场景

2. 老用户互动量低

老用户互动量低是指直播间的老用户回来观看后，大多没有参与评论互动。

改进策略：①及时引导老用户观看直播，给予福利奖励，刺激老用户参与互动；②调整老用户的引流方式，避免吸引过多不喜欢评论的用户进入“粉丝”社群；③运营人员充当老用户，引导评论互动。

另外，可以积极引导直播间的老用户加群。通过各种手段吸引“粉丝”进群，让不同的“粉丝”成为你的聊天好友，可以随时随地通知他们看直播。“粉丝”进群后一定要进行维护，很多主播建立了“粉丝”群但不会维护，导致“粉丝”流失；所以“粉丝”进群后，一定要做好“粉丝”维护，让“粉丝”快速融入以主播为中心的大家庭。主播要给到“粉丝”一定的优越感与存在感，如给刷礼物的老用户授予更高的等级，平台之所以进行青铜、白银、黄金等层级“粉丝”划分就是为了刺激“粉丝”进行消费。

5.3.3 转化指标的复盘及改进

转化指标主要复盘两个核心数据：成交率和退货率。

1. 成交率

成交率的计算方法：产品上架后的成交单量/当时段直播间人数×100%。

成交率直接反映选品策略是否正确，如果直播电商成交率持续走低，且持续保持在10%以内，意味着选品和直播间的用户匹配度不高，需要进行调整。

改进策略：

① 产品调整：重新分析直播间的用户数据，调整上架产品的选择或产品的外在属性，如产品的包装材料、产品亮点、产品价格等。在不同的节日中，像生日、纪念日或圣诞节这类的特殊节日，除了要更加重视产品能够按时送达，还要留意用户收到产品时对于产品品质的反馈。所以多花点心思将产品包装得美观且富有创意，会让顾客对企业的服务更加满意。

② 价格调整：重新分析在产品价格上是否已经做好价格保护，或调整产品组合策略，进行差异化定价。

③ 转化策略调整：在活动策划上要强化互动的元素，不要让用户在直播间只成为看戏的观众。

2. 退货率

直播电商退货率的计算方法：退换单数/成交单数×100%。

直播电商行业由于存在冲动消费的因素，一般情况下退货率高达30%～50%。

通常来说，企业的目标是将非质量问题的退货率控制到20%以内。退货率直接影响企业的毛利率，退货回来的产品变成库存，不利于企业的资金周转。

在直播电商行业中，消费者大多是出于信任主播和冲动欲望来购买直播产品的，而想要赢得“粉丝”长期的信任，电商主播必须对自己所宣传的产品负责。直播供应链不仅要保证送货及时，还要保证产品质量。电商带货的客户群体大都是网红的“粉丝”，靠的是“粉丝”效应以及口碑，一旦产品出现质量问题，口碑下降，很容易流失“粉丝”，导致销量下滑。因此，直播电商供应链需要保证“粉丝”只会因为款式和大小等非质量问题的退换货，而不能因为质量问题退换货。

2019年11月1日国家广播电视总局发布通知，明确要求“双11”期间，必须加强规范网络视听电商直播节目，要求用语文明、规范，不得夸大其词，不得欺诈和误导消费者，同时表示电商直播中的广告宣传也要讲导向，切实增强政治意识、导向意识、责任意识和法律意识。

各直播平台退货的投诉情况如表5-1所示，在黑猫投诉平台上搜索统计关于直播退货的投诉。分别搜索“电商直播退货”“网红直播退货”“直播带货退货”“直播退货”4个关键词，以用户购买平台和投诉原因2个维度为标准，通过关键词搜索，可以得出近600条投诉，删除重复的投诉，最终的统计数据为快手与淘宝的投诉最多。

表5-1 各直播平台退货的投诉情况

关键词	平台			
	快手/有赞	淘宝	抖音	其他
电商直播退货	14	—	3	1
网红直播退货	5	5	—	—
直播带货退货	6	2	—	13
直播退货	139	95	13	113
总计	164	102	16	127

注：①其他平台包含除快手、抖音、淘宝的所有平台投诉；②有赞很多投诉是消费者从快手直播间链接过去的，故将快手和有赞的投诉放在一起统计。

改进策略如下。

① 话术调整：注意引导技巧，检查是否在直播内容上出现了过度引导的情况。

② 体验调整：对发货和客服等跟用户息息相关的细节工作进行优化。

③ 产品调整：重新分析直播间的用户数据，调整上架产品的选择或产品的外在属性（包装材料、亮点、价格）。直播带货是向用户推广、推销自己的产品，是以用户为中心而展开的。所以，直播电商必须在直播带货中弄清用户的喜好和消费需求，清楚直播间的“粉丝”用户画像。作为新手主播，一般从自己的账号定位出发，分析账号的用户画像，选择与账号定位相关的产品。当主播做大直播后，可以从垂直领域的产品逐渐向多品类产品展开，扩大选品的范围。

④ 价格调整：思考是否在产品价格上没做好价格保护，或需要调整产品组合策略，进行差异化定价。为了突出直播带货产品的优势，一般可以选择挑选一系列的不知名的产品进行对比，来刺激消费促进成交。

⑤ 转化策略调整：活动策划上要强化互动的元素，不要让用户在直播间成为看戏的观众。直播带货如果只是简单地跟大家介绍产品，用户不一定会下单购买。主播需要熟悉各种直播带货的策略，才能更好地刺激用户的消费欲望。在直播带货中，主播最常用的带货策略就是抽奖及发放优惠券。在直播带货中，用户的从众心理非常严重，很多人其实是跟风购买产品。针对这一消费特点，主播进行抽奖环节实际上是为了迅速提高直播间的活跃度，吸引更多用户参与其中。只有用户能参与其中，才会有观看直播的想法。这时，再利用一些直播引导话术，就会比较容易地留住用户继续观看主播介绍的产品。发放优惠券的目的是让用户降低心理门槛，营造一种买到就是赚到的氛围。

归纳与提升

不同的直播电商平台有不同的数据指标，但从直播电商的本质出发，通用的评估指标主要有 3 个：流量指标、人气指标和转化指标。在线人数是直播间流量的核心指标，不同的直播平台有不同的评价指标，但最值得关注的代表流量的指标就是在线人数。互动数量是直播间人气活跃程度的核心指标，越是交互活跃的直播间，代表用户对直播内容的参与程度就越高。成交单量是考核直播电商转化的核心指标，代表直播内容和电商销售达成了统一。

直播电商的效果并不存在唯一的判断标准，一切都与直播前设定的目标有关系，大体上可以分为3个情况对直播电商的效果进行判断：品牌曝光、用户感受和转化成交。以结果为导向是直播电商实施过程中应该具备的思维，但直播电商的结果并不是唯一的。因此，如果追求让更多用户看到我们的直播，那么应该从内容上设定目标；如果追求让更多的产品达成销售，那么应该从产品和销售策略上做更多功课。

结合直播电商的效果评估指标和效果判断标准，我们可以从流量指标、人气指标和转化指标三个方面对直播电商进行复盘以及改进。流量指标方面的问题主要是在线人数低和在线人数不稳定。人气指标方面的问题主要是新用户互动量少以及老用户互动量少。转化指标方面的问题主要是成交率低和退货率高的问题。通过这些数据可以对直播电商效果进行及时复盘和改进。

名词解释

流量指标；人气指标；转化指标；复盘；用户互动量

复习思考题

1. 如何评价一场带货直播的效果？
2. 直播电商的转化指标都有哪些？
3. 如何从品牌曝光角度判断直播电商的效果？
4. 如果一场直播在线人数低，应该如何改进？

场景实训

为提高对各直播平台的直播效果进行综合评判的能力，我们将进行下述实训操作。

【实训目标】

1. 掌握直播电商效果评估的指标；

2. 掌握直播电商的复盘改进方法；

3. 理解直播电商效果的实质。

【实训内容】

结合第 4 章的实训操作与本章内容，对直播电商效果进行综合评估，给出复盘改进意见。

【实训要求】

1. 具体通过流量指标、人气指标和转化指标量化直播效果数据；

2. 通过复盘改进建议能够实质性地提高直播电商的效果。

第 6 章 直播电商相关岗位概述

学习目标

- 熟悉直播电商人才特征
- 熟悉直播电商与短视频岗位的职责与技能
- 了解直播电商人员的胜任力模型
- 了解直播电商人才的测评考核内容

引例

直播培训学什么

随着直播越来越火爆，投身于直播行业的人也越来越多，但是能成功的人却不多，想成为下一个“董×辉”更是难上加难。与此同时，直播培训班也随之出现，有些人就去报培训班，他们在直播培训班能学到什么呢？图 6-1 所示是适合学习直播的几类人群。

图 6-1 适合学习直播的几类人群

通过培训班的学习，学员能学会卖货的技巧，懂得运营直播，具备多项直播所需的能力，在直播时能成功种草给观众等。但真正开展直播，还会面临如下问题：

- 不知道讲什么？

在做直播时，可以讲述自己使用产品的亲身经历，给“粉丝”看到使用产品前后的对比效果，这样得到“粉丝”的信任就会比较容易，“粉丝”下单的机会也大！

- 没有观众来看？

在直播前，提前发布直播预告，别人就知道你的直播活动，在直播时就会有外部流量。做出优秀的直播内容，争取获得直播浮现权，展示的机会更多！

➢ 不会活跃气氛？

直播时讲一些搞笑的段子，或者很火的梗，让“粉丝”能开怀大笑；也可以设置一些抽奖活动，给直播间的“粉丝”一些福利，提高“粉丝”的积极性，方便互动！

思考题：

1. 一场完整的电商直播需要有哪些岗位的人员来完成？

2. 进入直播电商行业的人员需要具备哪些技能？

随着直播电商的火爆，直播人才出现巨大缺口，催生了直播培训班的火热，本章主要介绍直播电商人才具备的特征，直播电商岗位的职责与技能以及直播电商人才的胜任力。

6.1 直播电商人才特征与岗位设置

扫一扫看微课：

微课 6-1

在新媒体时代，信息传播呈现去中心化的特征，尤其是随着5G时代的来临，网络直播以独有的即时性、交互性等优势逐步取代传统以文字、图片为主的信息传播方式，网络直播已成为当下最为流行的娱乐和信息交互方式。

大批“传统”电商企业，乃至于传统企业纷纷转战直播，但直播电商人才短缺是绝大多数企业跨入直播电商门槛的“拦路虎”；而且直播电商进入门槛低、从业者素质不高、行业标准缺乏，使得整个直播电商行业的发展呈现出诸多乱象，建立科学、规范和实用的直播电商人才标准，是解决直播电商人才短缺和保证直播电商良性、健康与长期发展的必要条件。

6.1.1 直播电商人才特征

直播电商的人才特征主要体现在以下几个方面。

1. 直播电商人才产业集群化

产业集群化是直播电商未来的发展趋势之一。直播电商作为横跨内容和电商的创新模式，未来会走向专业分工的流水线作业方式，出镜主播、内容策划、供应链资源、产品开发和仓储配送体系都将细化分工。直播电商基地模式是产业化的发展方向之一，基地内配套直播间和直播内容服务中心，供应链企业围绕该中心进驻，类似卫星城的方式，形成集中赋能的模式。该模式主要通过政府引导及行业大企业投资的方式得以实现。直播电商产业集群化的完善离不开人才的一体化解决方式。

2. 直播电商人才专业化

根据行业的不同属性，垂直于不同行业的专业性直播将越来越被青睐。直播电商首先是直播间主播的人设建立，用户之所以会关注直播，并在电商直播过程中进行成交。第一，源于用户对直播电商人设的信任。第二，直播电商人设体现的专业性让用户产生信赖，对于直播电商来说，人与货之间存在隐形的信任背书和信任传递。当下大多直播电商的发展是依靠平台的流量推荐的，但未来会往更细分、更垂直、更专业的行业化方向发展。具备行业专业知识的直播电商人才是未来的人才培养重点。

3. 直播电商人才综合化

当前 VR、AI、机器人等技术快速发展，这些都能够与直播相结合，可进一步提高直播电商的用户体验感。未来，机器人可能会取代线下导购员，而直播则可能会结合 AI、VR 技术，实现远程衣服试穿、口红试色、角色交互等，目前 VR 技术在行业内的应用，极大地提高了消费者的视觉体验感。5G 时代的来临，给直播带来了更多的发展空间，5G 可以消除卡顿，可以让直播画质更好，可以增强画面传输的能力，可以进一步推动人工智能等技术走向成熟，同时提高用户体验感。具备一定的信息技术综合知识的直播电商人才也会是未来人才培养的重点。

4. 直播电商人才多元化

现有直播电商大多是较为单一的卖货模式，其中直播是一种卖货方式，而主播是卖货资源，2020 年罗永浩的直播带货以及央视名段子手朱广权与顶流主播的组合，展现的是跨电商和电视的直播卖货形式，虽然这种不一样的直播卖货还只是一种小众化形式，但随着时间的推移，多元化的主播或内容的跨圈层融合形式会逐渐增多，直播电商未来会形成从单一的卖货到跨圈层多元化融合的走向，这对直播电商人才的知识结构和职业技能提出了更高的要求。

小贴士

2020年6月，上海市崇明区发布《2020年第一批特殊人才引进落户公示名单》，某主播在列。此前，杭州市余杭区也曾发布直播电商政策，明确对有行业引领力、影响力的直播电商人才可通过联席认定，按最高B类人才（国家级领军人才）享受相关政策。

6.1.2 直播电商岗位设置

与传统电商类似，直播电商的进入门槛并不高，因而促使各领域企业纷纷通过"直播+"尝试转型。随着行业的发展，直播行业需要建立体系化的运营体系，协调和融合各类职能。网红主播已成为直播行业的一大标签，一场成功的直播需要场控管理能力、招商能力、互动能力、带货能力、官方活动运营能力等多方面能力的协作。

直播电商作为新的电商形态，具有实时性、交互性、内容化、社交化、碎片化等特征，直播本身也在自我迭代的升级进化中，面向专业公司，专人专岗，直播电商团队成员间有清晰的分工合作流程，直播电商的一般岗位设置如表6-1所示。

表6-1 直播电商的一般岗位设置

职业方向	标准岗位	细化岗位
产品岗	直播电商规划师	商务、选品、编剧、导演、制片等
营销岗	直播电商营销师	经纪人、主播、辅播、媒介对接、渠道
运营岗	直播电商运营师	项目运营、场控、文案、活动、社群运营
设计岗	电商设计师（短视频设计师）	视觉策划、拍摄、视频剪辑等
客服岗	电商客服管理师	售前客服、售中客服、售后客服
物流岗	电商物流管理师	库管、采购、分拣打包、打单发货等
技术岗	现场控制	道具、算法、编程、数据、AI、信息安全等

6.2 直播电商岗位职责与技能

职业能力是从业者从事某项职业必备的能力，它要求从业人员熟练掌握一项或几项相关联的技术，"厚基础、重技能"是电子商务专业人才基本职业能力的培养目标。表6-1中列出了直播电商的一般岗位设置，下面本节将介绍主播岗位、辅播岗位、运营岗位、经纪人岗位、商务岗位和客服岗位的职责、技能和素质要求。

扫一扫看微课：

微课6-2

6.2.1 主播岗位

主播岗位是直播电商的核心岗位，决定着直播的成败，主播岗位的岗位职责、技能要求、素质要求具体如表 6-2 所示。

表 6-2 主播岗位的岗位职责、技能要求、素质要求

岗位职责	技能要求	素质要求
➢ 负责完成整场直播主持，是直播间的主要角色； ➢ 熟练掌握直播相关话术，能在直播不同环节中进行话术的调整； ➢ 具备销售心理学基础知识，能及时预判销售机会，能及时完成“转粉”和销售转化； ➢ 熟悉直播整个流程策划，能与辅播及运营团队进行良好配合，了解直播不同环节的侧重点，能控制直播间节奏； ➢ 参与运营团队选品策划，了解用户喜好，善于从用户角度观察直播电商选品逻辑，熟悉选品匹配度； ➢ 能保持稳定的开播时间，能保证一定的开播量，一般每月至少直播 20 天以上，每天至少直播 4 小时以上	➢ 基础能力：口头表达流利，熟练掌握产品相关知识，能熟练进行产品介绍，对产品卖点敏感，有熟练的销售技巧； ➢ 状态要求：敢于在镜头面前进行表达和表演，并能接受长期稳定的直播时长； ➢ 心态要求：敢于面对直播过程中用户的争议或坦然面对用户的尖锐提问，具备一定的控场和应变能力； ➢ 其他要求：有颜值或有其他表演才艺等加分项（歌曲、舞蹈或其他专业才艺），具备良好的个人素养，能在直播过程中保持饱满的精神状态，具备一定的心理承受能力，能控制负面情绪	➢ 具备较高的思想素质和良好的道德素养、人文素养、科学素养及职业素养； ➢ 具备较高的网络文明素养、电子商务诚信与信用素养、信息安全与保密素养； ➢ 具备良好的人际沟通素质和团队合作精神； ➢ 具备基本的创新精神及创业意识

课间案例

斗鱼网络电商直播运营招聘（主播/机构方向）

职位诱惑：

1. 美国纳斯达克上市公司；

2. 电商直播行业领军企业；

3. 商业化体系完善，发展空间大；

4. 业界有竞争力的薪酬，弹性工作，全天免费水果、下午茶供应。

职位描述：

1. 负责平台电商主播的引入、培训、日常业务运营，对主播提供的直播数量和服务质量负责；

2. 深入了解公会和主播的变现需求，优化主播供给能力，提高业务供给效率；

3. 与商业化团队、机构及直播运营团队紧密配合，形成良性的供给合作联动。

职位要求：

1. 3年以上主播运营经验，了解直播内容广告行业，熟悉主播的变现形式和偏好；

2. 具备独立思考能力，有较好的逻辑思维能力、执行能力以及资源调配推动能力；

3. 优秀的沟通能力和较强的责任心，能高效协助各方共同完成目标。

小贴士

2020年5月，人社部发布的新职业中包括“互联网营销师”，同时还增设了“直播销售员”工种。直播销售员的定义是在数字化信息平台上，运用网络的交互性与传播公信力，对企业商品进行多平台营销推广的人员，简单地说就是带货主播。

6.2.2 辅播岗位

辅播岗位是直播电商中的重要岗位，主要负责辅助主播推进直播进度，辅播岗位的岗位职责、技能要求、素质要求具体如表6-3所示。

表6-3 辅播岗位的岗位职责、技能要求、素质要求

岗位职责	技能要求	素质要求
➢ 直播间辅助角色，能协助主播推进直播进度； ➢ 深度参与直播流程策划，在整个直播过程中能配合主播进行不同环节的转换和调整； ➢ 熟悉直播平台管理规则，能配合主播避免出现违规操作及用语； ➢ 熟悉选品原则，对产品有深度了解，能帮助主播补充产品的相关使用知识； ➢ 掌握相关的销售心理学及话术，懂得在直播过程中洞察用户的心理变化，通过话术实现活跃的互动氛围； ➢ 良好的个人素养，能坚持做幕后策划人，成就主播的人设建立； ➢ 能保持稳定的开播时间，能保证一定的开播量，一般每月至少直播20天以上，每天至少直播4小时以上	➢ 基础能力：较好的口头表达能力，具有较强的协调和配合能力； ➢ 状态要求：有临场应变能力，能对直播过程中的突发事件进行应急处理； ➢ 心态要求：甘于给主播当助手，不喧宾夺主； ➢ 其他要求：对行业有专业理解	➢ 具备良好的道德素养、人文素养及心理素质； ➢ 具备较高的网络素养、信用素养； ➢ 具备良好的人际沟通和团队协作素质； ➢ 具备基本的创新精神及创业意识

6.2.3 运营岗位

运营岗位是直播电商中的综合岗位，主要负责直播电商的整体规划和统筹，运营岗位的岗位职责、技能要求、素质要求具体如表 6-4 所示。

表 6-4 运营岗位的岗位职责、技能要求、素质要求

岗位职责	技能要求	素质要求
➢ 负责直播电商的整体统筹和执行，能匹配主播人设定位； ➢ 熟悉并掌握各个不同直播平台的特点及优劣势，能根据直播内容及产品选择合适的平台； ➢ 熟悉并掌握直播电商的策划操作，能策划直播操作流程及规范； ➢ 熟悉供应链的相关专业知识，能确定选品操作规范； ➢ 具备数据分析能力，能分析平台数据，及时调整直播的策划方案以及优化选品	➢ 基础能力：良好的观察能力，注重细节，执行能力强； ➢ 状态要求：有内部资源沟通和协调能力，能判断对直播最有价值的资源； ➢ 技能要求：熟悉平台规则，具备内容策划能力，能根据产品策划直播活动； ➢ 其他要求：熟悉产品供应链，能根据选品及时调整定价及内容策划	➢ 具有多个电商岗位实践经验，具备较强的管理能力； ➢ 良好的职业素养和抗压能力，适应直播电商高密度的工作节奏； ➢ 良好的个人素养，善于总结问题并自我调整； ➢ 良好的自我学习能力，具有创新素质

6.2.4 经纪人岗位

经纪人岗位是直播电商中特有的岗位，主要负责直播电商人才的挖掘和培养，经纪人岗位的岗位职责、技能要求、素质要求具体如表 6-5 所示。

表 6-5 经纪人岗位的岗位职责、技能要求、素质要求

岗位职责	技能要求	素质要求
➢ 负责直播和辅播两类人才的挖掘、孵化和培养； ➢ 负责直播人才的培训，能梳理企业人才培训体系； ➢ 了解娱乐经纪行业及直播行业的发展趋势； ➢ 具备良好的职业素养，在保持直播人才独立性的前提下提高其直播的相关表演技艺； ➢ 具备良好的个人素养，对直播有正面的理解和思考	➢ 基础能力：熟悉直播电商人才要求，善于挖掘具备主播潜质的人才； ➢ 状态要求：善于发掘他人的状态亮点和专业技能； ➢ 技能要求：熟悉娱乐行业艺人培养流程，会调整主播及辅播在镜头前的表演状态	➢ 具有良好的心理素质，具备危机处理和应变能力； ➢ 善于与人交流，社会经验丰富； ➢ 具有娱乐营销意识和市场战略眼光；具有高度的法律意识

6.2.5 商务岗位

商务是直播电商中的必要岗位，主要负责直播电商中渠道和客户等资源的开发与维护，商务岗位的岗位职责、技能要求、素质要求具体如表 6-6 所示。

表 6-6 商务岗位的岗位职责、技能要求、素质要求

岗位职责	技能要求	素质要求
➢ 能开发和维护直播电商渠道资源，建立与客户的良好合作关系； ➢ 能按时完成公司阶段性任务及 KPI 指标； ➢ 与其他岗位做好沟通，确保产品及时投放与问题反馈； ➢ 能规划和组织相应的活动策划、活动实施及项目落地； ➢ 对相关数据进行统计、汇总	➢ 基础能力：具有广告学、营销类专业学历或相关实践经验，熟悉直播电商的选品要求； ➢ 状态要求：具有敏锐的市场洞察力，具备良好的客户开拓能力，有较强的沟通和谈判能力以及口、笔表达能力； ➢ 技能要求：具备资源整合能力，善于总结直播电商的发展阶段和选品资源的匹配	➢ 沟通能力强，责任心强，抗压能力强，有极强的目标感； ➢ 适应直播电商行业的快速发展，精力充沛，具备在较强压力下出色完成任务的能力； ➢ 敢于面对挑战，有良好的客户群体关系； ➢ 善于与人交流，社会经验丰富； ➢ 具有高度的法律和风险意识

6.2.6 客服岗位

客服是直播电商中的服务岗位，客服主要负责直播电商客户的售前、售中和售后服务，客服岗位的岗位职责、技能要求、素质要求具体如表 6-7 所示。

表 6-7 客服岗位的岗位职责、技能要求、素质要求

岗位职责	技能要求	素质要求
➢ 负责收集客户信息，了解并分析客户需求，规划客户服务方案； ➢ 熟悉产品信息，能掌握沟通技巧，正确解释并描述直播产品属性； ➢ 负责进行有效的客户管理和沟通，了解客户期望值，跟进回访客户，提高服务升级，负责发展维护良好的客户关系； ➢ 负责产品电子商务相关数据的收集和维护	➢ 基础能力：接待客户热情大方，能积极主动帮助客户解决能力范围内的任何销售问题； ➢ 状态要求：工作主动热情，仔细耐心，能持续保持高效的工作状态； ➢ 技能要求：打字速度快，能同时应对多人在线咨询，并能及时、正确地做好备注工作	➢ 具有高度的工作责任心； ➢ 思维灵活，沟通能力强，有良好的应变能力； ➢ 熟悉各大直播平台的买卖操作流程； ➢ 能熟练解答客户提问，推介产品，熟悉促进销售、订单生成等相关流程

6.3 短视频岗位职责与技能

直播电商可以跨多个平台，如抖音、快手等，跨平台的发展派生出多种岗位需求。直播电商是通过在线直播建立人设 IP 的过程，跨平台的价值在于扩大直播的用户覆盖面。直播是即时内容，一切内容都是即时同步发生的，因此在人设 IP 的建立上要融合电商，通过成交加深用户对直播内容的印象。

跨平台的另一个要求在于从直播内容跨到短视频内容。短视频是异步内容，内容是提前策划并录制好的，配合直播可以更快速地实现人设 IP 的建立。直播具有即时互动性强、沟通性强的特点，短视频则具有内容精细化、碎片化的特点，短视频内容的制作门槛相比直播更高，内容的策划和制作成本投入更大，相关岗位会在技能上有更多要求，短视频岗位具体分为短视频策划岗位、短视频制作岗位和短视频运营岗位三种岗位。

6.3.1 短视频策划岗位

短视频策划岗位主要负责脚本的创作和撰写，短视频策划岗位的岗位职责、技能要求、素质要求具体如表 6-8 所示。

表 6-8 短视频策划岗位的岗位职责、技能要求、素质要求

岗位职责	技能要求	素质要求
➢ 策划主播或辅播的人设 IP 定位，确定“粉丝”画像； ➢ 围绕人设 IP 进行内容创作，负责短视频项目的开发及策划； ➢ 负责项目创意脚本撰写，设计戏剧性桥段并创作分镜脚本	➢ 基础能力：熟悉短视频内容市场，了解年轻用户的内容喜好； ➢ 状态要求：阅读涉猎广泛，文字功底扎实； ➢ 技能要求：熟悉不同内容的策划流程及创意思路，有相关写作经验，有优秀的创意和文字能力，叙事逻辑清晰	➢ 内容敏感度高，执行效率高； ➢ 网络感觉好，思维活跃； ➢ 有良好的沟通能力和抗压能力； ➢ 熟悉当下热点和网络文化

6.3.2 短视频制作岗位

短视频制作岗位主要负责短视频的拍摄和剪辑，短视频制作岗位的岗位职责、技能要求、素质要求具体如表 6-9 所示。

表 6-9 短视频制作岗位

岗位职责	技能要求	素质要求
➢ 负责短视频内容的拍摄和剪辑，调度与控制现场； ➢ 结合产品特性，进行短视频的内容脚本策划、拍摄脚本和细化脚本； ➢ 管理、维护拍摄和后期制作设备	➢ 基础能力：熟悉短视频的拍摄手法和剪辑操作，熟悉短视频的音乐运用； ➢ 状态要求：研究和分析视频类媒体趋势，能进行时尚高端产品风格视频创作； ➢ 技能要求：具有优秀的美术功底与视觉感，对构图、色彩及镜头语言有清晰的认识	➢ 能吃苦耐劳，有责任心； ➢ 具备良好的逻辑思维、协调和沟通能力； ➢ 思维活跃，想象力丰富，有一定的创新能力、动手能力和创新思维

课间案例

短视频拍摄招聘

【我们要找的你】

1. 负责每日安排的拍摄任务，我们主要做短视频拍摄（抖音）；

2. 维护保养好器材；

3. 与短视频策划人员充分沟通，根据实际情况制订拍摄计划。

【我们需要的你】

1. 大专以上学历，导演、编导、传媒等相关专业，有短视频创作经验（附上个人作品）；熟悉自媒体（抖音、快手等）短视频，会拍视频，会玩短视频，会剪辑，能出镜；

2. 精通 Premium、EDIUS、Final Cut 等后期剪辑类软件，具备独立的剪辑意识及判断能力，有独特成熟的剪辑手法，对于剪辑中的色彩、音乐、节奏、转场、风格等有独到见解；熟悉 AE、NUKE 等后期合成类软件，能与策划人员通力配合，高效地完成视频制作；

3. 一定要具有审美能力，发现事物美的角度，手机都能拍出大片；

4. 掌握镜头美感，通过镜头画面思考美、展示美、解读美；

5. 爱生活，爱拍摄，喜欢拍摄生活场景；

6. 有想法及创意，思维灵活，负责现场的调度与控制；

7. 工作效率高，具有高度的责任心、上进心，有团队合作精神，抗压能力强。

【加分项】

1. 会拍 Vlog、剧情短片等；

2. 美食拍摄工作经验。

6.3.3 短视频运营岗位

短视频运营岗位主要负责短视频内容的分发、维护和分析。短视频运营岗位的岗位职责、技能要求、素质要求具体如表 6-10 所示。

伴随着直播电商的快速发展，有供应链优势的区域结合直播电商，逐步形成各种直播电商产业基地或集群，专业化将是人才培养的中心模式。直播电商跨平台模式将创造更多创业机会和就业机会，跨平台技能复合型人才也将成为众多企业的需求。

表 6-10　短视频运营岗位的岗位职责、技能要求、素质要求

岗位职责	技能要求	素质要求
➢ 负责在平台分发内容及监督数据； ➢ 归纳内容的运营亮点，配合策划完成内容的升级； ➢ 在短视频等多个平台上传短视频，并负责日常维护工作； ➢ 负责短视频自媒体运营相关事宜，对各平台视频运营数据进行监控	➢ 基础能力：熟悉短视频平台的内容推荐规则和流量推广规则，具备平台的数据分析能力； ➢ 状态要求：思维活跃，善于总结沉淀，具备高效的执行力，具备较强的统筹、沟通协调能力，乐于分享； ➢ 技能要求：了解行业的运营基本规则并能在规则基础上进行运营的优化	➢ 思维活跃，有想法，对短视频自媒体行业有一定的了解； ➢ 能发现新的短视频渠道，可提出运营改进方案； ➢ 有洞察力，具备优秀的创意改变能力

6.4　直播电商人员胜任力及培养

尽管直播电商领域的工作岗位类似，但不同直播电商人员最终的绩效差异却非常显著，直播电商人员素质的高低和能力的强弱，对直播电商的发展起到举足轻重的作用。直播电商人员除了应该具备工作要求的专业技能，还应该具备相关的经营管理知识，因此，胜任力的应用是一种行之有效的解决工具。

扫一扫看微课：

微课 6-3

6.4.1　胜任力与胜任力模型

1. 胜任力

“胜任力”（Competence）源自于拉丁语 competere，意为适当的。胜任力这个概念最早是由美国哈佛大学教授戴维·麦克利兰于 1973 年正式提出的，他认为胜任力是知识、技能、动机、特质和价值观等任何可以被可靠测量或计数的，并且能显著区分优秀与一般绩效的个体特征。

目前比较一致的观点认为，胜任力是指在工作情景中员工的价值观、动机、个性或态度、技能或能力和知识等关键特征的集合体。同时，胜任力虽然与技能、知识、个性等方面紧密联系，但是从胜任力概念的操作化层面来看，胜任力并非这几个方面的简单相加。

如图 6-2 所示，胜任力可以分为企业、岗位和个人 3 个维度。胜任力必须满足两个重要特征才能被认可。第一，胜任力与工作绩效有密切的关系，员工

的工作绩效可以用胜任力来评估，胜任力能够用来区分绩效优异者与绩效普通者，并非所有的个性特质、技能、知识都能够成为胜任力；第二，胜任力与具体的业务场景相联系。

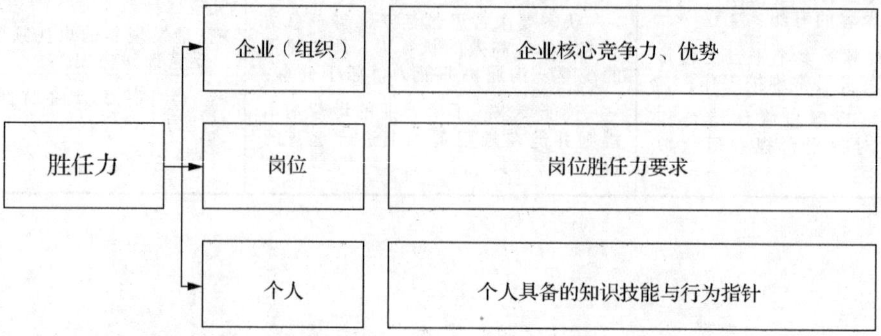

图 6-2　胜任力的 3 个维度

2. 胜任力模型

胜任力模型（Competence Model）是指担任某一特定社会角色所需要具备的胜任特征总和，它是针对特定职位表现要求组合起来的一组胜任特征。胜任力模型为某一特定组织、水平、工作或角色提供了一个成功模型，反映了某一既定工作岗位中个体成功的所有重要的行为、技能和知识。胜任力模型是一组被确认的胜任特征，能够区分绩效优异者和绩效普通者，通常所说的"能力标准或能力指标"，就是指各项胜任特征，而这些胜任特征的组合形成胜任力模型。胜任特征冰山模型是描述胜任特征内部结构理论广为接受的一种模型，胜任特征冰山模型如图 6-3 所示。

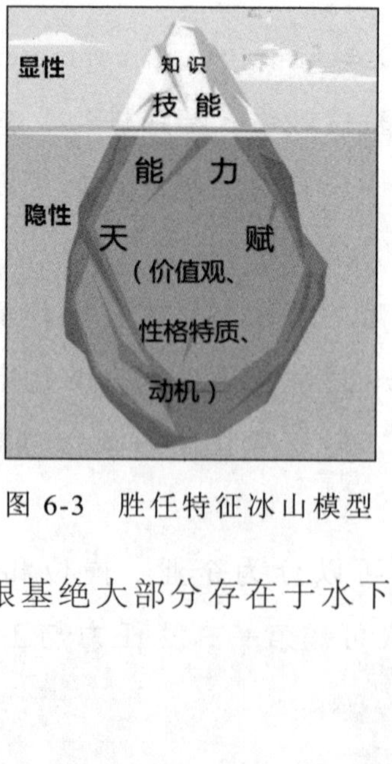

图 6-3　胜任特征冰山模型

胜任特征冰山模型就像根基绝大部分存在于水下的冰山，在水面上显露出来的冰代表显性胜任特征，如知识、技能等方面；在水面之下的冰被代表隐性胜任特征，包括能力、天赋、价值观、性格特质和动机等深层次特征。二者相比，冰山的下面不易被外界左右，相对难以改变。因此，能够决定员工行为表现的是隐性胜任特征。

6.4.2 直播电商人员胜任力模型

从职业特点来看，直播电商强调与消费端的密切联系，需要具备突出的人际理解能力和良好的沟通表达能力。从直播电商人员个人特质来看，必须具有良好的心理素质和坚韧的个性品质，尤其是一名好主播要有多种能力，如对产品卖点敏感，销售技巧熟练，有较强的互动能力，善于用数据分析总结，有营销和活动策划能力等。

综上所述，我们把直播电商人员胜任力素质分为7种要素，分别是学习能力、社交能力、团队精神、成功欲望、创新能力、个人影响力和人际理解力，每个要素下有具体的素质内容，并且每个要素的层次等级是与直播电商不同岗位相关的，从而形成直播电商岗位胜任力素质模型雷达图，如图6-4所示。

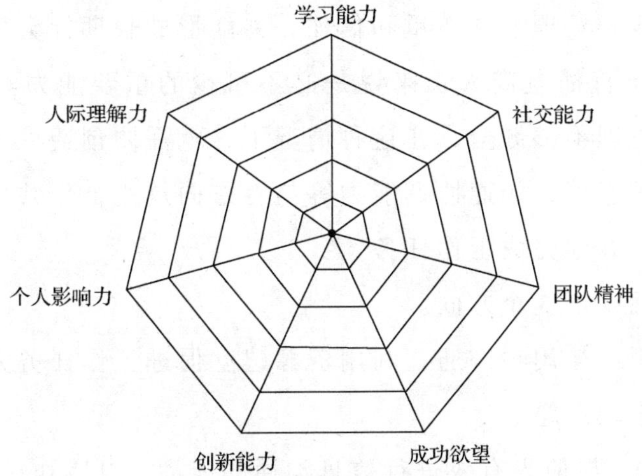

图6-4　直播电商岗位胜任力素质模型雷达图

1. 学习能力

学习能力是指个体从事学习活动所需要具备的心理特征，是顺利完成学习活动的各种能力的组合，包括感知观察能力、记忆能力、阅读能力、解决问题的能力等。

学习能力是直播电商的基本能力要求，直播电商发展迅猛，各种知识、技能层出不穷，快速迭代，高效的学习能力是直播电商能够实现高绩效运营的基础和关键因素。学习能力包括获取知识或技能的能力，其中还包括经验的获取和积累。学习能力还包含一些重要的个人特质，如自主学习能力、终身学习能力、碎片化学习能力等。

学习能力包括以下 3 个方面。

（1）思维能力。从思维过程上说，包括分析与综合能力、比较能力、抽象与概括能力；从思维方式上说，包括判断与推理能力、发散思维与辐合思维的能力等。

（2）感知能力。表现为对学习内容、方法及学习情境的选择、理解和整体认知，对信息的观察和反映，包括对消费者的感知。

（3）适应能力。包括学习适应与调节能力、自我反馈与评定能力、学习方法的选择与创造能力、学习心得经验的总结能力等。

2. 社交能力

社交能力也称社会交际能力，能够有效建立一种合作伙伴关系，能促成工作达成的社会关系网络，并利用自己的沟通和协调能力，协调处理各方面的冲突、利益与关系，达成相互理解、尊重和信任，并能形成长期社会关系。

社交能力对于直播电商人员来说是必不可少的重要能力。直播电商发展迅速，许多规则和管理不够健全，在这种情况下，就需要创造性地开拓工作，利用个人影响力、组织意识、沟通协调能力等与各方面建立合作共赢，并取得对方的信任与配合，以更好地完成工作任务。

社交能力包括以下 3 个方面。

（1）社交意识。与用户沟通，利用资源建立促进工作任务完成的关系网络，并付之为行动的主动意愿。

（2）沟通能力。与他人有效进行信息沟通的能力，包括外在技巧和内在动因。

（3）公关能力。在社交场合的介入能力、适应能力、控制能力等，能够理解社交礼仪与规则，并做出行为反应。

3. 团队精神

团队精神是大局意识、协作精神和服务精神的集中体现，核心是高度协同合作，全体成员具有强大的向心力和凝聚力。团队成员强烈地感受到自己是其所在团队的一个有机组成部分，团队成员由衷地把自己的发展与团队的前途紧密联系在一起，愿意为其所在团队的利益与目标而倾尽全力。

团队精神是直播电商人员胜任力体系的一大特色，并成为其他能力的前提和基础，能否在工作中具备合作精神，是直播电商人员必备的素质。对其所在团队具有高度热情和无限忠诚，不允许任何对团队的发展和利益有所损害的事情发生，同时极具整体荣誉感，会为团队的成功而骄傲兴奋，为团队所面临的困境而忧虑。当团队利益和个人利益发生冲突时，团队成员一般需要优先考虑团队利益，这一点对直播电商人员来说尤为重要。

团队精神包括以下 4 个方面。

（1）大局意识。注重团队利益，当团队面临困境时，先从团队的整体利益着想，以团队的利益为重。

（2）服务意识。组织全体成员在与客户交往中，具备热情、周到、主动服务的欲望和意识。

（3）团队协作。为达到组织既定目标，具备自愿合作和协同努力的素质。

（4）创建信任感。能够与组织成员，以及与组织存在利益联系的组织或个体产生信任感，愿意相互合作。

4. 成功欲望

成功欲望是指个人具有成功完成任务或在工作中追求卓越表现的强烈愿望，这是取得优异绩效的核心驱动力。

成功欲望是个人通向更高目标的保证，强烈的成功欲望是个人获取优异绩效的动力和源泉，是乐于接受创造性的、有挑战性工作的精神。例如，直播电商主播“口红一哥”李×琦，一年中可以做 385 场直播，平均每天至少做一场直播。

成功欲望包括以下 4 个方面。

（1）上进心。即进取心，个人朝更高目标努力奋进的意愿和行动力，能够促进个人追求更高成就。

（2）敏锐度。能够敏锐地发现周边存在的风险或机会，并准确识别风险或把握机会，促成成交或建立关系。

（3）责任心。对责任的感知和感受，是个体从授权人那里接受责任之后，内化于个体内心的一种心理状态，是个体履行责任行为的精神内驱力，是个体认真完成任务的态度。

（4）成就感。个人完成任务后，为自己所做的事情感到愉快或喜悦，尤其是完成了有极度挑战性的任务，成就感会激发个体向更高目标迈进。

5. 创新能力

创新能力是一种打破常规的实践活动，开拓认知的新领域、新方法或新途径，创新能力需要具备推理、想象、联想或直觉等思维能力。

创新能力是直播电商人员应具备的一项特殊胜任力，是由直播电商人员的工作性质决定的。由于直播电商人员直接实时面对特征各异的消费者，各种信息量巨大，变化非常迅速，这尤其需要创新思维和反应能力。一项创新成果往往要经过长期探索、甚至多次失败才能取得，而创新能力也要经过长期的知识积累、素质磨砺才能具备。

创新能力包括以下 3 个方面。

（1）反应迅速。面对新出现的状况和问题，能够迅速做出反应，并及时调整运营思路，拟定应对措施。

（2）接受新事物。关注最新的产业和技术动向，能够及时把握新事物，并合适地将新事物运用到经营管理中。

（3）突破传统。能够突破传统思维模式和行为方式，寻找解决问题和应对环境变化的新思路和新办法。

6. 个人影响力

个人影响力是指个人对他人的影响力，能够使他人信服、认同并拥护的个人特质或行为模式。直播电商的成功主要来自于主播的个人影响力。

个人影响力是影响他人的，能够让他人信服、认同其言行的能力。个人影响力对组织而言，可以帮助组织成员取得认识上和行动上的一致性，更好地贯彻和执行既定方案，并能够取得组织成员的认同和拥护。

个人影响力包括以下 4 个方面。

（1）策略性。能够使用有效策略去影响他人接受、认同并拥护某种观点，支持最终行动方案和目标。

（2）说服力。能够通过语言或非语言的方式，使得他人同意并认同自己的看法和价值观，达成共识。

（3）个人威望。在团队中获得的尊敬和肯定，是通过个人的人格影响和行为方式获得的支持和信任。

（4）高效率。能够迅速并有效完成既定任务，并为他人做出表率作用。

7. 人际理解力

人际理解力是指理解他人思想的能力，尤其对他人未表达出或部分表达出的想法、感觉和关注点的准确理解和把握，人际理解力暗示着一种去理解他人的愿望，能够帮助个人体会他人的感受。

人际理解力是直播电商运营管理中重要的工作技巧，也是直播电商人员必须具备的关键素质之一。人际理解力是通过他人的语言、语态、动作等理解并分享他人的观点，抓住他人未表达的疑惑与情感，把握他人需求的能力。就其功能而言，人际理解力是成就高水平的影响力与服务精神的不可或缺的基础，也是组织关系有效建立的支撑。

人际理解力包括以下 3 个方面。

（1）理解力。理解他人意愿、想法和内心感受的能力，具有理解力的人通常表现出较强的亲和力。

（2）观察力。这是一种有目的、有计划、比较持久的知觉，是对客观事物感性认识的一种主动表现。

（3）情绪稳定。不易受到外界刺激而引发情绪波动，或情绪波动较缓慢。

6.4.3 直播电商人才培养与考核

基于胜任力模型的工作分析进一步提出了人与组织之间的匹配。员工既要满足直播电商工作岗位的需要，也要使个体内在特质与组织的基本特性相一致，因为直播机构之间，或者直播机构与非直播机构之间是有差异的。

按照直播电商胜任力模型的主要框架，构成高绩效直播电商的胜任特征主要取决于学习能力、社交能力、团队精神、成功欲望、创新能力、个人影响力和人际理解力 7 个方面，根据此模型，可建立直播电商人才培养体系。

1. 直播电商人才培养规划

如何根据直播电商职业发展的需要，进行科学合理的岗位培训是直播电商发展的关键。职业发展规划是为了实现职业生涯的各个阶段目标而进行的知识、能力和技能等方面的培训和教育活动，也是直播个人人设 IP 取得成功的关键因素。第一，根据行业和企业发展的目标和要求，提出员工直播电商职业生涯发展规划；第二，根据直播电商胜任力模型列出岗位需要的胜任力发展要求，并提出具体培养内容；第三，由培训机构对提出的培训规划和内容进行审核，论证培训的可行性；第四，具体实施培养，同时随时收集培训的反馈，提高培训效果。

2. 直播电商人才培养内容

在直播电商中，不同行业、不同个体特征所需要具备的胜任力模型是不同的，因此，有关胜任力内容的培训也应该有不同的侧重点。

第一，从行业的角度来说，不同行业的直播电商有其自身的特点，如服装直播以女性直播主播偏多，农产品直播强调原生态和体验感，而电子产品直播更强调产品性能，所以应根据直播电商的不同应用行业，在培训对象、培训课程和培训师资等方面，有针对性地进行培训内容的设计和规划。

第二，从个体特征的角度来说，不同的从业年限、不同性别以及来自不同平台的直播电商胜任力培训的侧重点也不尽相同。从业年限和经验对直播电商胜任力影响较大，从业年限短的人员胜任力表现普遍低于从业年限长的人员。而从性别上来说，差异不是非常显著，只是在语言表达能力上女性要普遍优于男性，因此可以适当加强对男性直播电商从业者语言和表达能力的培训。从不同平台特性的角度来说，每个直播平台定位不同，对直播人才胜任力的要求也不同，如抖音更侧重艺能展示，淘宝则偏向于销售技能。

课间案例

电商直播人才培养 不止为了打造顶流主播

2020年7月，浙江省制定的《电子商务直播营销人员管理规范》出台，这是国内首个针对电商主播的相关规范，它明确了电商直播营销人员的基本职责和底线。

人社部之前也联合多部门发布公告，在互联网营销师职业下正式增设直播销售员工种，“网红主播”转正，带货主播成为正当职业。

行业鲜花着锦，对人才的需求也水涨船高。中国人民大学劳动人事学院发布的报告指出，淘宝直播一年可以带动就业机会数超过173万。Boss直聘发布《2020上半年直播带货人才报告》也显示，天猫在“6·18”前夕，主播和直播运营两大岗位需求量比2019年同期高11.6倍。

行业端将目光投向了校园。义乌工商职业技术学院创业学院电商教研室主任邱阳告诉科技日报记者，未来围绕电商直播的分工会越来越细化，精准化人才培养更能凸显高校优势，“高校不仅要打造主播，更要看远一些，让学生在两三年后走出校门时，仍能有就业竞争优势”。

3. 直播电商人才技能考核

直播电商从业人员的技能可以分成初级、中级、高级3档。

初级技能是从事直播电商经营活动的一般性员工所具备的能力，如产品描述、直播工具使用、产品拍摄美化、脚本撰写等。

中级技能是从事直播电商经营活动的骨干级员工具备的能力，如直播营销策划、“粉丝”管理维护、直播运营等。

高级技能是从事直播电商经营活动的领军级员工所具备的能力，如直播营销渠道的开发、供应链管理、模式创新等。

直播电商人才测评考核一般分为3个模块：电商基础理论知识、电商实践技能操作模块、电商职业道德。表6-11所示为直播电商人才测评考核表。

表6-11 直播电商人才测评考核表

	电商基础理论知识	电商实践技能操作模块	电商职业道德
初级直播电商师	（1）计算机基础知识和应用； （2）网络的应用基础知识； （3）直播电商基本概念； （4）网络营销基础知识和基本方法； （5）电商商务安全基础知识	（1）网络客服方向：在线洽谈及沟通技巧、订单及交易纠纷处理、电商平台操作等； （2）摄影技巧方向：包括图片拍摄基础知识、图片素材规划、图片处理及美化等； （3）仓储物流方向：包括电子商务与现代物流、快递基础知识、仓储及库存管理、订单管理等； （4）主播方向，包括素质素养、表现力、产品描述、直播工具的使用	基本商业伦理、服务信用、防止商业欺诈等知识
中级直播电商师	（1）直播电商概论； （2）直播电商网络与营销； （3）直播电商的数据仓库技术； （4）直播电商的业务流程重组技术； （5）直播电商与供应链的集成应用； （6）直播电商的法律与法规	（1）运营推广方向：包括搜索引擎优化、电商平台运营推广等； （2）平台建设方向：包括电商商务网站规划、数据库基础等； （3）物流管理方向：包括电商物流信息技术、电商物流服务管理等； （4）主播方向：包括带货力、文化素养、才艺展示等	保密及防止隐私泄露等方面的知识
高级直播电商师	（1）直播电商模式创新与传统企业转型策略； （2）直播电商营销策略与数据分析； （3）直播电商团队建设与管理； （4）直播电商的法律与法规； （5）直播电商工具； （6）直播绩效管理； （7）直播数据驱动及改善	业绩评估报告：要求学员提交企业经营业绩案例，组织专家以案例分析方式进行评估打分	商业伦理、服务信用、防止商业欺诈、数据保密及防止隐私泄露等方面的知识

按照胜任力模型的思想，基础性的胜任力特征，如知识、技能是处于冰山上面的胜任力，是胜任力结构中的上层部分，最容易改变和提高，但是不具备将绩效优异者与绩效普通者相区分的功能。而下层的鉴别性胜任力，即自我概念、人格特质和动机需要等，处于冰山的下面，是影响个人绩效表现的关键性因素，相对难以改变。因此，在制定培训规划时，应该充分考虑和权衡。

归纳与提升

第一，本章对直播电商产业集群化、专业化、综合化和多元化的发展特征进行了介绍，这些人才特征对直播电商人才提出了新的要求。

第二，本章在对直播电商人才基本分类的基础上，提出了直播电商和短视频电商两类岗位的技能要求，其中直播电商岗位包括主播、辅播、运营、经纪人、商务和客服，短视频岗位包括策划、制作和运营。

第三，本章结合胜任力和胜任力模型的基础理论，构建了直播电商人员胜任力模型，主要包括学习能力、社交能力、团队精神、成功欲望、创新能力、个人影响力和人际理解力 7 种要素。

第四，针对直播电商人才培养，本章列出了直播电商培训规划和考核内容。

名词解释

主播岗位；辅播岗位；经纪人岗位；短视频运营岗位；胜任力；胜任力模型

复习思考题

1. 直播电商的人才特征有哪些？
2. 如何理解直播电商人员胜任力模型？
3. 直播电商有哪些基本岗位及各岗位的技能要求是什么？
4. 短视频有哪些基本岗位及各岗位的技能要求是什么？

5. 试述直播电商人才培养方法。

场景实训

为更好地了解企业直播电商的岗位设置和人才培养，我们将进行下述实训操作。

【实训目标】

1. 了解直播电商人才特征；
2. 了解直播电商岗位设置和职责；
3. 比对直播电商各类岗位技能的差别。

【实训内容】

调研三家直播电商企业，分析各企业的直播电商有哪些岗位，详细描述每一个岗位的职责和技能情况，并对比3家岗位设置的异同。

【实训要求】

1. 通过对企业直播电商人才特征的分析，总结直播电商人才的基本技能和素质要求；

2. 根据企业现存直播电商人才的需求和问题，提出有针对性的直播电商人才解决方案。

第 7 章　直播电商的风险与防范

学习目标

- 理解直播电商风险的定义
- 了解直播电商风险的主要类型
- 了解直播电商风险的主要特征
- 掌握直播电商风险的管理流程
- 熟悉直播电商中不同主体的风险防范措施

引例

直播带货“翻车”赔款百万

2020 年 5 月 15 日，锤子科技 CEO 罗永浩团队在直播间上架了互联网鲜花平台的“520 情人节玫瑰礼盒”，吸引了不少网友前来购买，罗永浩的直播现场如图 7-1 所示。不料，在接下来的几天里却因鲜花干枯、发黑、未按时送达等问题接到了许多投诉。

图 7-1　罗永浩的直播现场

2020 年 5 月 20 日，罗永浩和鲜花平台的官方微博分别发布了致歉声明和补偿措施。罗永浩及其团队以带货主播的身份表示除了按原价赔偿，再补一份现金赔偿给所有在其直播间下单的用户，涉及赔偿金额为人民币 100 多万元。

直播带货作为一种新的销售渠道，逐渐吸引了越来越多的达人商家开始加入其中。然而直播带货的各方负面信息还是比较多，根据《“6·18”消费维权舆情分析报告》，直播带货的“槽点”主要集中在 5 个方面：直播带货商家未能充分履行证照信息公示义务；部分主播特别是“明星主播”在直播带货过程中涉嫌存在宣传产品功效或使用极限词等违规宣传问题；产品质量货不对版，平台主播向网民兜售“三无”产品、假冒伪劣商品等；直播刷“粉丝”数据、销售量刷单造假“杀雏”；售后服务难保障；等等。

思考题：

1. 在直播电商中，除了产品质量，还有哪些潜在风险？

2. 在直播电商中，可以采取哪些措施进行风险管理？

作为一种新的销售模式，直播电商为广大网民营造了新颖而刺激的购物体验，但乱象丛生也是客观现状，“翻车”事件不时出现，大大降低了用户的购物体验。直播电商要想避免或减少事故的发生，必须要做好准备工作，要通过风险识别、评估、控制和监控来降低事故的出现率，从而让直播电商得到更好发展。

7.1 直播电商风险概述

近年来，直播电商凭借即时性、互动性和趣味性等特点迎来了“井喷式”增长，为沉寂的消费市场注入了强大活力。相对于传统电商，直播电商具有直观性、实时性的优势，能让消费者更直接地看到商品的各方面特性，通过实时的交互渠道让用户感知切身服务，并快速响应用户需求。然而，直播售假、质量“翻车”、售后维权难等问题仍频频发生，反映了直播电商存在的某些风险。

扫一扫看微课：

微课 7-1

7.1.1 直播电商风险的概念

现代经济学中一般将风险定义为“事件或经济结果的不确定性”或“发送危险、损失、损伤或其他不利结果的概率和程度”。假如某种行为具有不确定性，则该行为就存在风险。

直播电商的风险是指在直播环境下，某种损失发生的可能性。由于直播电商具有群体效应和双向强互动的特点，这就使直播电商的风险性比以广播电视为代表的传统媒体更强。

7.1.2 直播电商风险的特征

“直播+电商”作为时下最热门的销售模式之一，满足了商家的推广、传播、销售需求和消费者的购物、娱乐需求，受到广泛欢迎。但在直播电商行业背后也蕴藏着一定的风险，直播电商中的风险呈现出客观存在性、不可控性、可预防性、成本高、用户黏性低、同质化严重的特征。

1．客观存在性

任何事物都存在两面性，事物的风险是客观存在的，是不以人的意志为转移的。在直播活动进行过程中，由于内外部事物发展的不确定性是客观存在的，因而风险也必然是客观存在的。其风险存在于直播的整个过程中，包括直播前期的品类选择、产品议价，直播现场的嘉宾反应、推销话术，直播后期的团队分成、退换售后等。因此，面对环节复杂的直播电商，主播需要理清流程，保持较高的预警意识。

2．不可控性

任何活动在实施和进行的过程中，都面临着各种各样的不可控因素，直播与微博、微信等相比，其最大的不同在于实时沟通性和高强度互动性。直播作为实时呈现的传播媒介，主播的一言一行都能被围观和放大，成为弹幕讨论的话题素材。而直播弹幕作为流式实时数据，具有较高的不可控性。有感染力的主播，其直播间的群体效应较强，消费者容易产生冲动消费，但也有可能导致高退货率，并且退货消费者的负面消费体验会导致直播存在舆论风险，这种突发状况极大考验了主播的现场随机应变能力。

3．可预防性

所谓控制，是指可以通过适当的技术或行为措施来预测风险并且规避风险，或控制因风险发生导致的不利影响的程度。对于风险的预测可以根据过去的统计资料，利用定性或定量的方法来判断其发生的概率以及造成不利影响的程度。但由于不可控因素的存在，这种预测结果可能会与实际结果存在一定的偏差。在直播电商中，我们可以通过实时的评论和弹幕的反馈来加强对风险的可控性管理，做好直播前的准备工作。

4. 成本高

直播电商带货虽火，但商家流水高、赚钱少，究其原因是佣金成本、供应链磨合成本、退货成本高等造成的。根据电商生态圈的非典型金字塔生态，带货能力强的网红“粉丝”量高，但“粉丝”量大的网红带货能力未必强，高流量的头部主播和网红，同时也为商家带来了佣金成本高、变现能力低的风险。并且在直播前期，电商都有一个供应链磨合的阶段，如何选品、商品的售罄率等都很难控制，试错成本很高，供应端的损耗巨大。

直播电商的另一个较高成本是退货，一般的直播退货率在 50%～60%，不同的商品退货情况不一样，如男装的退货率比女装低很多。高退货率导致了后期运营成本的提高，整个售后、物流、仓储、捡货、验货系统的成本都会上升，并且高退货率最终会演变为库存的积压和商家品牌形象的下降，对商家有着较大的不利影响。

5. 用户黏性低

网络直播受众面相对较窄，直播平台长期社交关系的构建需要进一步完善，维系“粉丝”黏性和引导消费的成本较高，转化率有待提高。有些直播平台存在形式单一、粗制滥造的现象，这很难吸引“粉丝”，平台与“粉丝”很难形成稳定的社交关系。同时，直播电商会随着电商行业的季节性而起伏，出现浏览的低谷期。在经历“双 11”“双 12”后，用户的购买力被大大透支，直播间的浏览量下滑，随之而来的就是用户流失，之前直播中累积的用户黏性逐渐减弱。

6. 同质化严重

从本质上来说，“粉丝”经济属于眼球经济、注意力经济，最初在名人这种以流量取胜的行业兴起，其特征是门槛低、同质化竞争激烈，而直播电商走向“粉丝”经济的过程也逐步进入了同质化竞争。当下直播电商平台的内容主要在美妆、服装搭配、试穿试戴等方面，内容单一且同质化严重，重复推荐同类产品，使用相似推荐方式甚至话术，大量同质化直播的密集出现，这些问题会导致用户的审美疲劳和“粉丝”经济的生命周期缩短。如果没有足够好的内容，不能给用户提供有价值的信息，则很难在平台上留住客户，也就没有良好的转化率。导致电商直播平台内容单一化的主要原因包括电商平台的性质、主播的专业程度、内容的审核机制、品牌的引导和运营等。

7.1.3 直播电商风险的类别

在直播电商蓬勃发展的同时，直播电商这种新型销售模式也面临着一定的挑战。品牌商、直播电商平台、主播等均在不同程度上面临法律、内容、产品、商业模式、供应链和售后风险。由于直播是将现场情况直接呈现在大众面前，没有剪辑与后期加工，其直播过程中蕴藏着较大的风险。

一般而言，直播电商常见的风险有以下几类。

1. 法律风险

直播电商存在版权问题。直播中较常见的一类版权风险为音乐版权的侵权，大多数主播在直播过程中一般都会演唱或翻唱一些音乐作品，一般不会对所采用音乐进行作品及作者的署名，这存在一定的侵权隐患，其带来的侵权风险容易被主播和直播平台所忽视。《中华人民共和国著作权法》第十条规定著作权人享有署名的权利，第二十二条规定即便在合理使用的情况下使用作品，可以不经著作权人许可，不向其支付报酬，但应当指明作者姓名、作品名称，并且不得侵犯著作权人依照本法享有的其他权利。还有第三十七条规定，使用他人作品演出，表演者应当取得著作权人许可，并支付报酬。

直播中还存在隐私侵权，它是指利用网络直播不合理地获取、公开他人姓名、肖像等个人信息，或者通过网络直播扰乱他人安宁。与一般隐私风险对比，直播中的隐私风险具有自我披露性、高传播性、对象的公开化和广泛性、危害后果的严重性和物质性、责任追究的复杂性等特征。隐私权是一种掌握在权利人自己手中的控制权，主播在公共领域或隐私场所进行直播，未经权利人许可，将权利人肖像、家居场景、生活细节等对外公开均属于一种违法、违规行为。

小贴士

《2019年网民网络安全感满意度调查活动总报告》显示，58.75%的网民在日常生活中遇到过侵犯个人信息的行为，其中遇到个人信息泄露的达85.36%；37.4%的网民认为网络个人信息泄露“非常多”和“比较多”。在网络安全从业人员中，超过50%的网民认为App不应普遍收集身份证号、聊天记录、短信内容、住址等用户信息。相关的行业专家们也指出，近年来的确存在一些互联网公司及其App收集的信息与其所提供的服务并不相关。部分企业超出用户授权范围使用个人信息，包括进行商业推广、大数据“杀熟”，甚至未经授权将其所掌握的个人信息提供给其他企业，有的甚至被用于电话营销或网络诈骗。

2. 内容风险

相较于传统线上的图文介绍，直播对消费者有更直观的冲击力，即“好内容+好商品”造就了“好直播”，但在打造“好内容”的同时也带来了一些不合法现象，同质化直播内容的出现，致使直播平台产生内容运营风险。如果对推广信息不加以控制，导致广告泛滥、内容低俗，将会造成平台用户体验大打折扣。在内容为王的时代，一些低俗的内容或许在短时间内可以引来用户的关注，但是从长远发展来看，不仅存在着巨大的法律风险，也不利于直播电商的长期发展。据不完全统计，2019 年曾有上千款应用或服务因为内容安全问题而遭遇下架关停等整改，其业务发展遭受了巨大损失。

早在 2016 年，百度、新浪、搜狐等 20 余家直播平台就联手共同发布了《北京网络直播行业自律公约》，承诺网络直播房间必须标识水印，内容存储时间不少于 15 天备查，所有主播必须实名认证，审核人员对平台上的直播内容进行 24 小时实时监管。另外，在直播现场中，“粉丝”群体发布的弹幕也需要进行严格现场管理，可以设置“房管”进行监督，这样既可有效防止大量弹幕影响用户体验，也可加强对弹幕中的内容审核，一旦发现利用弹幕肆意发布低俗内容等，审核人员有权直接禁止其发言。

3. 产品风险

价格和质量一直都是消费者选择商品的两个重要因素。直播电商中的实时互动很容易激发羊群效应，如价格优惠虽然很容易刺激用户消费，但也极易诱发直播电商中与产品相关的两大风险：商品价格风险和商品质量风险。

（1）商品价格风险。主播们经常会强调商品原价与折扣价之间的幅度。在直播中，原价一般指商品上市之日的原厂售价，即出厂标价。但这个价格很有可能会标得虚高，从而使折扣力度显得很大，而依据我国国家发展和改革委员会发布的《禁止价格欺诈行为的规定》的有关条款规定，“原价”是指经营者在本次促销活动前七日内在本交易场所成交，有交易票据的最低交易价格；如果前七日内没有交易，以本次促销活动前最后一次交易价格作为原价。

在直播电商实践中，不少主播存在“虚构原价”等问题，尤其是一些中小主播，由于其自身议价能力没有行业龙头主播强，很难真正拿到折扣力度很大的商品。

（2）商品质量风险。商品质量风险包括外在质量和内在质量，外在质量指商品的造型、工艺、色彩等，内在质量指商品的性能、使用的安全性等。商品质量的优劣是消费者购物的第一原则，而消费者选择直播购物的最主要原因是想要通过直播了解某一商品的详细信息和活动优惠信息。

但直播的实时互动、名人主播的“亲鉴好用”并不能保证商品的质量，涉嫌销售假冒商品是直播电商中最为常见的一个“翻车”原因。主播们以“买一赠一”“直接三折”“亲鉴好用”等噱头兜售名牌商品，极大刺激了消费者的购买欲望，然而质量却参差不齐，直播电商中销售“三无”产品，如化妆品、食品、减肥药品的事件屡见不鲜，劣质产品和欺诈销售成为困扰直播电商健康发展的典型问题。

小贴士

2020年5月广州市市场监管部门提出将进一步加大工业产品质量安全监管力度，严禁通过直播活动销售不符合保障人体健康和人身安全的国家标准、行业标准的产品，严禁销售掺杂、掺假，以次充好等假冒伪劣产品。并建议消费者在直播期间选购商品时认真查看商家资质，优先选择经营资质齐全、信誉好的电商平台和经营者，并做到理性消费。

课间案例

直播带货屡“翻车”，“质量”成消费者最大顾虑

2019年10月28日，某“网红”主播的“不粘锅”翻车事件曾引爆社交网络。该主播在直播售卖某款“不粘锅”时，其助理将鸡蛋打入不粘锅后，鸡蛋却始终粘在锅底，“不粘锅”彻底变“粘锅”。虽然事后锅具公司回应称“这位主播不会做饭，打鸡蛋的过程有误，锅没有问题”，但不少用户还是吐槽直播“垮了”。在2019年10月30日晚间，该主播又一次在直播过程中，推荐倩碧小雏菊腮红，结果化妆效果显示如同被家暴，再一次翻车。坚持严选的网红主播连续两次翻车，让消费者在质疑产品质量的同时，也让该主播长期努力打造的“营销之王”人设出现了裂痕。

产品立得住，营销才有意义。但在报酬不菲的合同诱惑下，不少“带货网红”都踏入了自己不熟悉的领域，在这种情况下，一旦他们选择伙伴不慎，碰到了“粘底的不粘锅”之类的产品，最终只能造成甲、乙双方双输的局面，无异于自毁长城。虽然这次事件充满了负面属性，但对于行业而言，却也起到了警醒的作用。作为行业标杆，带货顶流用一次次令人印象深刻的“翻车”，给所有同行留下了鲜明的警示。

4. 商业模式风险

直播电商作为一种新的销售方式，直接将生产者和消费者连接，虽然减少了商品的流通环节和交易成本，但可能会产生一定的商业风险。

（1）头部网红高额的佣金费率，间接提高了直播电商的交易成本，并且头部网红为了提高销量、维护“粉丝”关系会向品牌商要求产品的最低价，持续的最低价会造成产品价格体系混乱和消费者的审美疲劳，难以长期形成品效合一的优势。而相较于头部主播，腰部主播和新人主播的专业度、带货能力、影响力和曝光量却又相对有限。因此，如何利用好直播电商这个销售渠道，协同不同渠道之间的促销力度、定价方式、设计更加丰富的宣传方式是品牌方必须思考的问题。

（2）包括品牌方自己在内，都需要考虑网红主播的孵化、培养和管理。零经验、无团队的新人主播很难带来较高的流量，而主播的知名度和影响力一旦提高，势必会和平台机构博弈，如何在模式层面与法律层面维系平台机构与主播的关系是直播带货长远发展需要考虑的问题。

5. 供应链风险

一般直播供应链包括：品牌定位—定款—定数量—定价—直播—发货—售后。如果品牌方不能为消费者提供快速的品牌供应，会极大地降低消费者的满意度，而快速响应对于供应链的体量、生产能力、发货能力、物流速度等都提出了较高的要求。因此，主播在直播之前其团队会先进行直播销量的预测，但如果把直播销量预测过高，大量库存会造成巨大的资金压力，因此存在供应链风险。

6. 售后风险

在直播低价的促使下，消费者容易被激起购物冲动，从而带来了因产品质量、尺寸大小等因素造成退换货的售后问题。对于售后问题，品牌方和直播团队需要有便捷的处理流程，以确定消费者获得更好的售后体验。特别是对于水果、海鲜等非标产品，相对而言难以监控产品质量，常常会出现直播样品质量好，而实际发货商品质量差的情况，“货不对版”会影响品牌的形象。

7.2　直播电商的风险管理

20 世纪 30 年代的经济危机促使了风险管理思想的产生。为了应对各种风险，人们开始重视各类活动的风险管理，从而尽可能地控制或减少损失。在后疫情时代的特殊背景下，直播电商的热度与接受度有了较大提高，但隐藏在其中的风险问题仍不容忽视，需要以合理流程进行有效管理。

7.2.1　直播电商风险管理的内涵

直播电商的风险管理是基于互利共享的理念，对直播电商中的各个环节执行风险管理，通过风险管理意识的强化，建立健全风险管理体系，进而为直播电商中直播平台、电商平台、商家、消费者四大主体利益最大化提供切实保障。风险管理的相关机制并非一蹴而就的，而是需要各大平台在直播过程中不断完善的。

7.2.2　直播电商风险管理的流程

目前还没有单独针对直播电商行业出台的风险管理流程体系，对此，借鉴较为成熟的企业风险管理流程，直播电商风险管理同样遵循以下五个基本步骤，图 7-2 所示为直播电商的风险管理流程。

图 7-2　直播电商的风险管理流程

1. 制订风险管理计划

风险管理计划是风险管理说明书的组成部分，包括对直播电商的整体商业环境和项目本身的所有风险进行记录，如版权风险、隐私风险、内容风险、产品风险和支付风险，重点是制定风险管理的目标，其作为风险管理全过程的指导性文件，需要说明每个过程是如何展开风险研究和具体分工安排的。

2. 风险识别

风险识别是在问题发生之前识别引起风险的主要因素，同时对风险进行描述，解释风险事件是什么，风险会以怎样的形式发生，风险发生的原因以及可能导致的后果。在风险识别中，较常用的两种方法分别为：风险分析调查表和事故树分析法。

风险分析调查表是风险管理人员及有关的专家学者，基于对可能遭受的相关风险进行详细调查与分析，并编制调查表以供企业参考的一种方法。

事故树分析（Fault Tree Analysis，FTA）方法，又称故障树分析法，是对可能引起损失的事故进行研究，并探究其原因和结果的一种方法。使用事故树分析方法可以帮助风险管理人员发现或识别促成直播事故的潜在风险因素，计算事故的发生概率，对事故造成的后果进行模拟预测，并采取相应的防范及应急措施，以此来降低事故发生的概率及产生的危害。

3. 风险评估

风险评估就是在风险识别工作结束后，运用适当的风险测量方法、工具来确定风险的大小与等级。该过程的主要内容包括：①识别直播电商中面临的各种风险；②评估每种风险的概率和可能带来的负面影响；③确定组织承受风险的能力大小；④确定风险消减和控制的优先等级，即需要将风险数据转化为与直播电商风险相关的决策支持信息，并进行风险排序。

4. 风险控制

风险控制需要以风险评估的结果为依据，选择采用哪种形式保护消费者，从而更好地减少或消除风险所带来的损失，以达到企业可接受水平。对于直播电商的风险控制可以通过风险识别机制来对直播过程潜在的风险进行预警，通过扩大技术支持范围、合规的用户约束、重视版权问题、做好产品质量筛查等预防工作来规避可能存在的事故问题。也可以通过一定方法将风险从一个主体转移到另一个主体，以尽量减少风险程度。

5. 风险监控

基于系统控制论观点，监控实质上就是对风险分析效果进行反馈。直播电商中有些情况确实是无法预估的，各种风险也不可能是一成不变的。对此，电商平台和直播平台需要根据常规管理经验和实际出现的问题，逐步探索出一套成熟的平台治理和消费者保护体系。

直播电商中的风险是客观存在的。例如，在“双 11”“双 12”等此类重要活动开展之前，直播电商的各主体必须做好风险管理计划、风险识别以及舆情风险评估工作，实时加强对各类突发情况的监测和预警，及时发现问题，以保证直播电商销售的正常秩序，维护消费者的合法权益。

一旦出现风险，纠错机制也是不可或缺的，无论是品牌方、直播平台，还是主播个人，都要正视问题，积极纠正并致歉，表现出对问题负责到底的态度。另外，市场监管等各政府部门主体，需要积极承担其中的监管职责，同时加强部门协作与配合，共同规范和管理，促进直播电商新业态更好、更快地发展。

7.3 直播电商的风险防范措施

在“万物皆可直播”的时代，直播电商逐渐成为人们的一种习惯生活场域。但是，信息不对称、法律法规不完善等问题的存在使得直播带货存在一定的风险，未来直播电商的持续健康发展离不开消费者、主播、直播平台和商家等主体的共同努力。

扫一扫看微课：

微课 7-2

7.3.1 直播电商中消费者的风险防范措施

在直播电商中，虽然直播带货的商品经过层层筛选和严格把关，但是如果不去改造上游商品生产环节和下游商品售后环节，则很难确保主播所带的商品就是用户真正看到的商品。一旦用户收货后发现商品质量有问题，维权便成为消费者面临的首要问题。

在购物网站独立第三方评价体系的制衡下，多数情况下消费者与商家都会通过协商得到比较好的效果。所以，当直播带货的商品确实存在质量问题时，消费者可以遵循购前预防、理性购买和购后积极维权的原则，尽量将损失降到最低。具体包括以下措施。

1. 售前及时保留相关证据

消费者在观看直播购物时，应及时保存相关证据，如可采用截屏、录像、保留带货主播承诺的文字或销售图片，包括商品价格折扣、弹幕留言等，一旦产生纠纷时，便于后续取证。

2. 减少冲动性购买

消费者在传统购物时多数是以“逛+搜”的方式寻找和锁定目标，还有一部分是无明确购物目标纯属消遣娱乐，较少的消费者是有明确购物目标的。其中目标不明确的消费者在购物时容易在受到外部刺激作用时而产生冲动性购买。直播电商通过“最低折扣”，加上主播富有诱惑力的语言，促使消费者极易产生购买冲动。对此，消费者在观看直播前，有必要拟定明确的消费目标，正确认识主播与商品之间的关系，加强对商品价格、质量等全方位了解，做到理性消费。

3. 采取积极的维权方式

消费者在收到商品尤其是贵重商品后，应该及时查验商品并用恰当的方式保留拆封包装，若发现商品有质量问题，可及时与商家进行协商，同时申请平台介入处理。未协商一致的，可以结合自身具体情况，选择适当的法律法规作为维权依据。具体维权方式有：①以直播带货的产品存在缺陷或者瑕疵为由，依据《中华人民共和国侵权责任法》《中华人民共和国产品质量法》《中华人民共和国食品安全法》中的有关规定，主张侵权损害赔偿或者违约赔偿。②以卖家存在欺诈行为为由，依据《中华人民共和国消费者权益保护法》中的有关规定，寻求惩罚性赔偿。③以发布虚假广告为由，依据《中华人民共和国广告法》中的有关规定，向厂家或者商家、主播及平台索赔。

7.3.2 直播电商中主播的风险防范措施

直播的实时性是直播面临的最大风险，尽管在直播过程中，有些问题无法提前预测，但在直播中出现的部分问题还是可以通过事前准备来实现有效防范的。

1. 提前策划演练

凡事预则立，不预则废，直播应该是一场有准备的销售活动。在直播前需要进行活动筹划和准备，并对直播各环节的设置进行反复推演和模拟，防止直播时出现一些低级问题，如产品名称、品牌方、价格等错误，以免直播引发用户的不满。

2. 软硬件的配置与测试

直播需要有稳定的系统和优质的技术支持，影响直播销量的不仅是产品本身，还有整个直播过程是否流畅。为了达到最佳的直播效果，主播团队需要在直播前对所有相关软硬件进行反复排查与测试。一方面，需要熟悉直播软硬件的使用与配合；另一方面，需要对网站、服务器进行反复测试，避免出现流量太大而服务器瘫痪的现象。

小贴士

可能有很多人认为直播就只需要一台手机，然而事实并非如此。在综艺节目《向往生活》中某知名主播就将自己的直播间搬到了蘑菇屋。蘑菇屋有专门用来看评论的台式计算机、路由器、声卡、话筒等。所以，在直播之前必须对这些软硬件进行有效配置与测试，以保障直播过程的顺利进行，图 7-3 所示为直播间的简易配置。

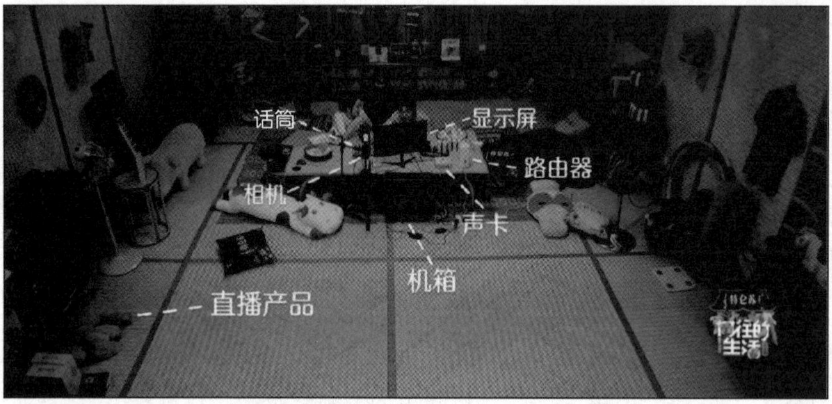

图 7-3　直播间的简易配置

3. 严格的产品选择与审核

直播行业已转向从“流量”到“留量”的时代，围绕着“留量”“商业变现效率”的竞争也已经开始。网红主播即使再有号召力，消费者最终关心的还是商品质量，只有真正高性价比的产品才能提高变现效率。2020 年中国广告协会发布的《网络直播营销行为规范》，要求直播活动全面、真实、准确地披露商品或服务信息，严把直播产品或服务质量关。这就要求直播者及其团队具备足够的产品鉴别能力，在选品时严把产品品质，了解产品的生产方式和供应链，亲测并和“粉丝”真实反馈。

课间案例

直播带货背后，严格的产品筛查

2020年7月25日晚上，在热闹的“粉色”直播间里，壹心娱乐CEO、Plusmall创始人杨×真在小红书完成了自己的直播带货首秀，在长达4个半小时的直播里，杨天真直播带货的GMV超过736万，总观看人数超过48万。其创办的大码女装品牌Plusmall在直播间首发两款新品的预售，销量超过3 000件。图7-4所示为杨×真直播现场。

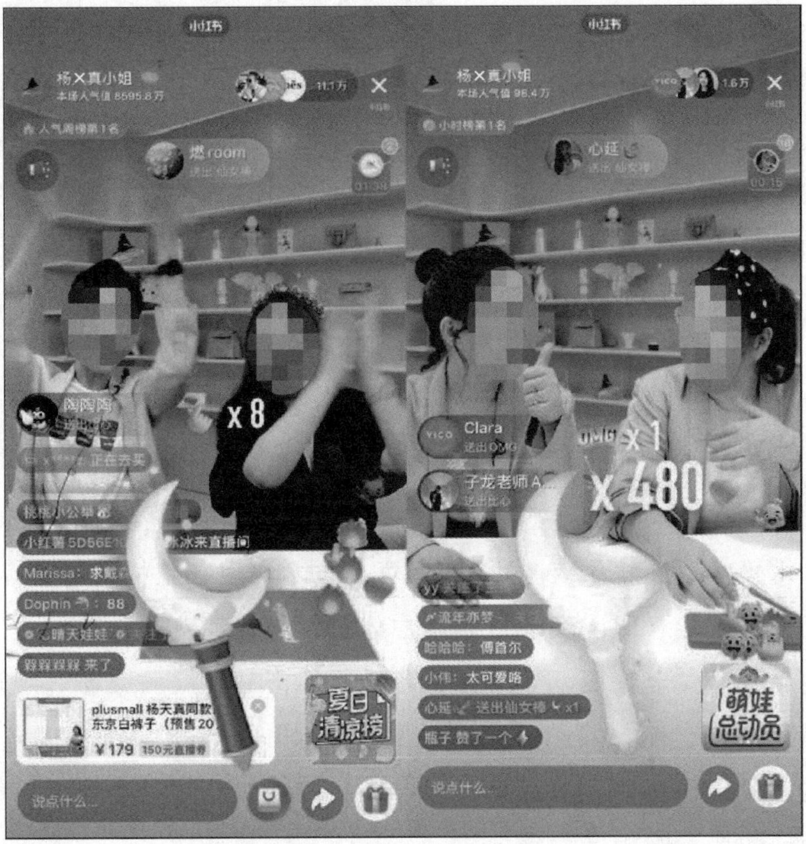

图7-4　杨×真直播现场

据悉，在这场直播中一共上架了26个单品，而这些所有的上架单品都是杨×真和其团队从200多个产品中筛选出来的。被杨×真选中的产品，一般是她在生活中真正使用过的、好用的产品，如果没有什么使用感受，那这些产品就会被淘汰。对此，为了有效避免因产品质量问题而出现直播“翻车”的现象，主播们必须进行认真且严格的选品。

7.3.3 直播电商中其他主体的风险防范措施

在直播电商的整个过程中，除了消费者和主播，还涉及直播平台和商家。目前，网络直播市场处于快速扩张的态势中，但也因缺少及时监管而存在诸多不规范行为，对此，本节内容针对直播带货的模式提供了风险管理的防范措施，为直播平台和商家规避当下的管理漏洞提供建议。

1. 直播平台的风险防范措施

在行业政策的规范下，直播电商平台除了提供直播工具服务，还有责任去规范和维护平台的健康发展从而满足健康商业生态的要求。现有的一些法律法规，如《中华人民共和国广告法》《中华人民共和国消费者权益保护法》《互联网直播服务管理规定》《第三方电子商务交易平台服务规范》等都对直播平台的权利与责任有明确的规定。主要有：

（1）打击品牌方与主播的虚假广告，加强对带货主播的监管，完善广告审核规则，对一些违法广告或推广信息要及时制止；

（2）严控品牌方资质审查，提高平台入驻门槛，加强对商家或主播的培训与素质管理，培养专业主播，同时引入信用评价体系，进行监控管理；

（3）提高技术水平和支付工具的安全性，电商平台与人工智能技术深度融合，借助高技术水平实现高转化率。可以利用语音技术实现在主播讲解产品的过程中，产品的购物链接就能立即出现，增强用户体验，增加消费转化率；

（4）强化交易安全管理，严厉打击各类诱导交易、虚假交易、规避安全监管的私下交易行为；

（5）构建商家和消费者的意见沟通渠道，完善纠纷解决办法与机制，及时回应并妥善处理消费者的相关诉求。

因此，对直播平台而言，为了更好地强化风险管理，也必须严格履行法律法规规定的相关平台义务。

2. 商家的风险防范措施

商家、主播等参与者在网络平台上以直播形式向用户销售商品或提供服务的网络直播营销活动中需要做到以下几点：

（1）保证产品质量，完善售后服务体系，商家要聚焦售后货品的质量追踪、退换货、产品满意度评价，制定流程优化与制度优化的产品质量控制措施，甄别消费者可能产生的售后问题，制定完善的售后服务；

（2）关注直播的销售情况，避免因库存不足而出现违约交货的情况；

（3）销售的商品或者提供的服务应当符合保障人身、财产安全的要求和环境保护的要求，不得销售或者提供法律、行政法规禁止交易的商品或者服务；

（4）全面、真实、准确、及时地披露商品或者服务信息，保障消费者的知情权和选择权，不得以虚构交易、编造用户评价等方式进行虚假或者引人误解的商业宣传，欺骗、误导消费者。

归纳与提升

本章首先从整体上论述了直播电商的风险概念、特征和类别。直播电商的风险贯穿于直播电商活动的全过程，是指在某一特定环境下和在某一特定时间段内，某种损失发生的可能性。直播电商的风险具有客观存在性、不可控性、可预防性、成本高、用户黏性低、同质化严重的特点。常见的直播电商风险有法律风险、内容风险、产品风险、商业模式风险、供应链风险和售后风险。

直播电商的风险管理是立足于互利共享理念，对直播电商中的各个环节执行风险管理的基本流程，以强化风险管理意识，建立健全风险管理体系。在直播电商的风险管理中，我们也可以尝试借鉴较为成熟的企业风险管理流程，同样遵循制订风险管理计划、风险识别、风险评估、风险控制和风险监控五个步骤来对直播电商进行有效的风险管理。

此外，随着5G商用的快速布局，商品信息展示动态化的趋势逐渐明显，越来越多的内容平台及电商平台参与到直播电商竞争市场中。为了保障直播电商行业的更好更快发展，无论是消费者、主播、直播平台还是商家都应该做好相应的风险防范措施，强化风险管理意识。

名词解释

直播电商风险；商品质量风险；风险分析调查表；事故树分析方法

复习思考题

1. 直播电商风险有哪些特征？

2. 直播电商的风险管理流程有哪些？

3. 简述直播电商的主体。

4. 直播电商中主播的风险防范措施有哪些？

5. 直播电商中消费者可以采取哪些有效措施保障自己的权益？

场景实训

为了加深对直播电商风险与防范的理解，提高直播电商活动策划的能力，我们将进行下述实训操作。

【实训目标】

1. 了解直播电商风险管理的流程；

2. 了解直播电商中可能存在的风险和风险类别；

3. 掌握直播电商中风险防控的措施。

【实训内容】

从抖音、快手、淘宝、一直播等任选一个直播平台进行一场校园直播电商活动的策划。

【实训要求】

1. 结合直播电商的风险类别与风险管理的流程，分析在直播电商各阶段可能出现的风险；

2. 针对可能出现的风险提出相应的解决措施。

第 8 章　直播电商典型案例分析

学习目标

- 了解快手直播电商的运营模式与策略
- 了解淘宝直播电商的运营模式与策略
- 了解腾讯直播电商的运营模式与策略
- 熟悉不同直播电商平台的差异
- 了解直播电商未来的发展趋势

时代的发展在给直播行业带来巨大红利的同时，也给电商带来了新的发展契机。从 2G、3G、4G 到 5G，人们的信息传递方式也从文字转变到图文，从视频转变到直播，购物场景也在升级，而且直播电商强调主播与用户的互动，迎合了互联网时代用户的社交习惯。

本章选取直播电商中的典型公司案例进行研究分析，并根据案例的特点进行了分类及展开案例分析。

8.1　直播电商案例分析

8.1.1　基于快手直播电商的案例分析

1．“亿邦动力-马蹄社”简介

亿邦动力成立于 2007 年，是国内电商知识资源的平台，覆盖了 2 000 余万个国内外电商经理人，在新零售、社交电商、直播电商、跨境电商、产业互联网、农村电商等诸多重点领域建立了广泛的影响力。马蹄社是亿邦动力旗下的子品牌，也是亿邦商学院旗下高级经理人社群，囊括游学课程、资源整合、资本对接、IP打造等模块，课程前卫、资源雄厚。马蹄社以直播电商课程为重要手段，凝聚了300家知名企业创始人或电商操盘手，以未来巨头游学之旅为核心，为会员搭建了一个兼具专业性与社交属性的深度学习交流平台。

2. 马蹄社直播电商的发展

起初，马蹄社对于直播的了解并不多。但是马蹄社招纳的会员企业主要属于商品销售型企业，为了帮助旗下会员获得更好的发展，马蹄社开启了对直播电商这个领域的探索。2019年7月，马蹄社开始在线上开展直播电商讲座，授课内容主要围绕“直播电商”展开。此外，其每天接触不同的直播平台和机构，并对这些直播平台和机构进行了观察和访谈。通过这些观察和访谈，马蹄社发现，这些直播平台和机构所传递的信息都在说明，通过直播平台吸引和积累的流量，其转化效率远远超过了传统的电商模式。从2020年的年初八开始，马蹄社连续尝试了33天的现场直播，每个场次的强度都非常大，在这个过程中，吸引了几千人进入直播间听课。随着课程的深入，马蹄社收到关于直播电商的建议也越来越多，很多行业内的领军者对其内容、形式等给出了建设性的意见。马蹄社开始根据这些建议不断地吸收、改进。抖音和快手等直播平台提出，希望把电商引入到马蹄社的直播平台里去，于是马蹄社和快手合作搭建全新的栏目，连续推出12场直播，累计观看量超过了5 000万。

2020年3月6日，快手电商联合马蹄社开展了“电商大佬百人讲”的直播栏目，邀请百位电商大佬连麦直播间，亿邦动力总裁兼马蹄社创始人贾鹏雷在快手直播间以连麦的形式，陆续连麦近百位商业公司的创始人及CEO，并邀请了韩都衣舍创始人赵迎光与美妆品牌林清轩的创始人孙来。截至2020年4月，“电商大佬百人讲”已经邀请到了蜜芽创始人刘楠、德尔玛电器创始人蔡铁强、小狗吸尘器创始人檀冲、梦洁集团CEO李菁、联想集团副总裁戴炜、新希望乳业总裁朱川等公司创始人及高管参与其中，单场观众数最高超过300万，9期总观众数超3 000万。目前，马蹄社通过招纳高端的电商高管形成会员社群，按需定制前卫课程，除了有全年多次的深度游学和烧脑分享，还有专属的马蹄社社交群、迎新会、校友会等，让会员们一起寻找未来的“现象级电商”。

根据马蹄社的经验可以看出，在这个竞争激烈的时代，哪个企业能洞察先机，其就能占取竞争优势。如果企业过于呆板，坚守传统的管理理论或者产品，当直播这种短期红利来临的时候，就抓取不到优势，错失迈上新台阶的风口。图8-1所示为电商大佬百人讲。

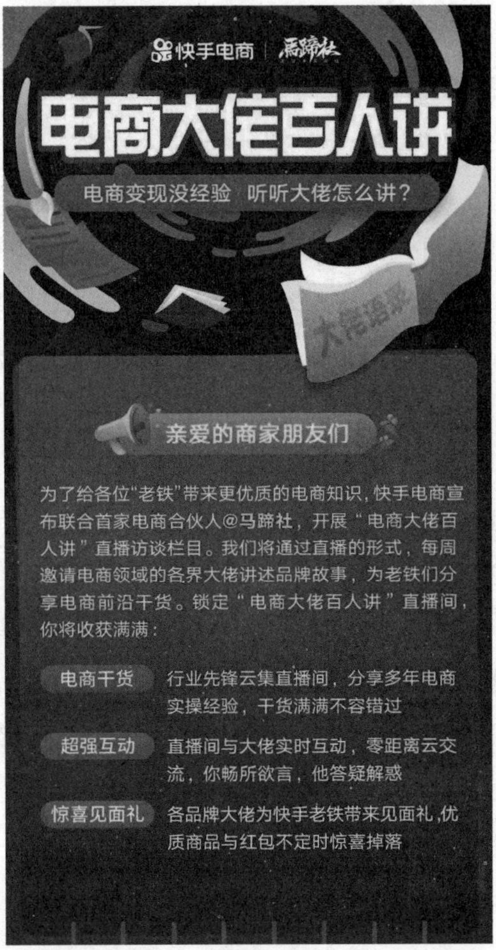

图 8-1　电商大佬百人讲

3. 马蹄社案例分析

（1）马蹄社所在行业环境分析及客户定位

① 公司所在行业环境分析。马蹄社定位高端社群直播，这个高端社群直播延续过去线下沙龙的模式，是线上直播的创新，在整个直播电商生态圈里面并不多见，属于竞争程度不高的领域。马蹄社结合时下热点，把脉行业趋势，紧扣用户痛点，为用户搭建了一个兼具专业性与社交属性的深度学习交流平台，发现新认知、建立新连接、创造新增长。

② 公司所在行业客户定位。马蹄社定位于高端的电商人才，主要针对那些对于市场营销敏感、有志于电商发展、有时间和意愿学习新知识、提出新见解的各行各业人才。同时，直播内容热衷于为大众提供最新的电商资讯。

（2）马蹄社公司直播电商组织架构分析

马蹄社公司直播电商组织架构属于灵活变动的项目组形式，以职能形式开展单一业务，以公司业务需求为主。

（3）马蹄社直播电商的运营管理分析

马蹄社直播电商的运营管理主要使用了以下策略。

① 主播的管理策略。主要以各行业有代表性的人物为主，在直播间针对行业热点进行讨论，通过思想碰撞，为观众提供新的视野和视角。

② 直播电商的产品策略。马蹄社属于社区直播，主要以专业的知识聚集有识之士，使其认可马蹄社这个品牌，在积攒一定的人气和流量之后，开拓直播带货模块。

③ 直播电商的价格策略。在私域开展的直播带货，价格策略延续直播电商的主流营销模式，主打畅销品的介绍和发放优惠。公域主要是直播间的福利，如返红包、点赞、刷评论、抽奖等。

④ 直播电商渠道策略。由于快手直播平台拥有大量草根观众，更需要补充新鲜的电商知识和策略咨询，所以马蹄社以快手为基点进行直播，聚拢人气，培养后续庞大的受众基础。同时随着品牌知名度的增加，马蹄社对于各大直播平台，如淘宝、抖音、小红书等，也有逐步开展业务的战略计划。

8.1.2 基于淘宝直播电商的案例分析

1．“Msekko 米可儿”品牌简介

“Msekko 米可儿”是广州韵善力贸易有限公司旗下的大米护肤品牌。2010 年，韵善力贸易有限公司创立米可儿品牌，并与韩国第三大化妆品集团韩佛化妆品株式会社合作成立大米护肤研发中心，公司坚持“天然、温和、安全、有效”的产品研发理念，严选以优质大米为产品原材料，致力于打造适合中国人肤质的安全有效的护肤品。“Msekko 米可儿”是一个完整意义上的纯粹大米护肤倡导者，获得了不少消费者的认可，成了国内大众女性喜爱的护肤品牌之一。图 8-2 所示为米可儿品牌理念。

2．“Msekko 米可儿”直播电商的发展

“Msekko 米可儿”从 2017 年开始切入电商行业，刚开始是传统电商的模式。在微商盛行时期，也尝试过微商。后来发现，直播电商的崛起是一个巨大的机会，于是开始尝试直播电商，这对于整个公司来说是一种全新的尝试，该公司在这个过程中不断摸索、不断进步。

图 8-2　米可儿品牌理念

“Msekko 米可儿”在直播初期是采取临时项目组的形式，为了更加稳定地持续发展，直播正逐渐往独立部门的方向发展。目前，其采取的模式主要是自播，组建自己的主播团队。合作直播团队和自播团队会区分私域和公域两个部分，自家主播吸引过来的“粉丝”是私域流量，所以私域运营包含“粉丝”群、微淘、微博、微信、小红书等自媒体，所有的自媒体部分都属于私域运营部分。公域流量是指外部合作的直播团队吸引的流量。外部合作的达人直播属于该公司市场团队推广的方向之一，其流量的来源包括小红书的图文明星、抖音短视频和图文 B 站等。

在公司直播电商文案的制作方面，“Msekko 米可儿”采用扁平化管理，文案是一个单独的部门，在运营过程中，文案、设计、视频 3 个部门作为运营过程中的支持部门而独立存在；在主播培养方面，随着直播电商平台越来越多，大众对直播的接受程度也越来越高，吸引消费者的更多的是主播的人格魅力、选品技巧、跟“粉丝”的互动技巧以及诚信等，所以，“Msekko 米可儿”对主播的要求是具有一定的“观众缘”，其次是颜值，再者要求有较好的场控能力和心理调控能力；在直播电商的风险规避方面，“Msekko 米可儿”选择风险比较小的两个平台：淘宝和抖音，淘宝提供“阿里微任务”，抖音提供“星图”，让企业可以自行购买主播服务，如果主播没有完成任务或有其他违规操作，则会有相关平台介入，以保障商家的权益，所以二者成为其优先选择的合作平台。

"Msekko 米可儿"于 2018 年 7 月 6 日迎来了首次淘宝店铺直播"亲测节——米可儿变色唇膏亲测节"。在活动中,"Msekko 米可儿"产品研发的相关负责人可米老师给大家科普了唇膏的相关知识、分享了米可儿变色唇膏的亮点以及与消费者进行线上互动,解决消费者对唇膏知识的各种困惑,同时邀请了两名不同肤色的模特在直播现场实测产品,用最直观的方式让消费者感受产品本质。"Msekko 米可儿"利用此次"亲测节"活动,通过为淘宝用户和网友们提供的优质服务和有趣的内容体验,积累了不俗的口碑和热度,在这个逐渐以消费者体验感为核心的时代,只有不断挖掘消费者的需求,给予消费者更加优质的服务和产品品质,才能立足于不断变化的市场中。

3."Msekko 米可儿"品牌案例分析

(1)米可儿公司所在行业环境分析及客户定位

① 公司所在行业环境分析。虽然护肤品市场已经进入成熟期,但是人口基数和消费升级仍推动着护肤品市场的增长。2019 年,中国化妆品零售额为 2 992 亿元,与 2018 年同期相比增长了 12.6%,护肤品网购市场在稳步增长。在护肤品方面,"Msekko 米可儿"以用户需求为出发点,实行高品质、高性价比的产品开发、生产和销售模式,满足不同肤质、定制化、多元化的客户需求。

② 公司所在客户定位。女性对于美妆护肤品的需求与日俱增,"80 后""90 后"甚至"00 后",较"60 后""70 后"女性的经济实力与消费模式也有所不同,对个人外在形象的要求也越来越高。白领群体、大学生等成为公司客户的定位群体,线上消费趋势明显。

(2)米可儿公司直播电商组织架构分析

目前米可尔公司尚未成立单独的直播电商部门,暂时由运营部门抽调人员形成项目团队,对直播电商进行产品销售和主播的管理。

(3)米可儿公司直播电商的运营管理分析

米可儿公司直播电商的运营管理主要使用了以下策略。

① 主播管理策略。主播分为外播和店播,外部达人直播有风险管理,投入和效果不确定,所以该公司以自家店播为核心,兼顾外部达人直播;对于店播,以直接招聘、自主培养为主,按照销售业绩进行考核、分配资源等。

② 直播电商产品策略。由于自然环境的恶化,导致部分人患皮肤病的概率增加,这也引起了大家对皮肤保护的重视。同时,不少的消费者担心化妆品作为化学用品,具有一定的副作用。因此,米可儿以大米为原料,开发出纯天然的化

妆品，主打修复肤质及隔离空气中有害物质，倡导天然、健康的理念。

③ 直播电商价格策略。价格策略延续直播电商的主流营销模式，以畅销品的介绍和发放优惠为主。公域主要是直播间的福利，如返红包、点赞、刷评论、抽奖等；私域则利用自媒体等社群发布商品的预告，促进商品的交易，同时也会定期举办抽奖活动。

④ 直播电商渠道策略是多渠道策略。由于淘宝直播的效益最直接，消费者进入直播间的目的主要是购买所需的商品。所以，米可儿直播电商的渠道主要是以淘宝直播为基础的，同时兼顾其他渠道。

8.1.3 基于腾讯直播电商的案例分析

1. “宝岛眼镜”简介

宝岛眼镜作为眼镜界比较知名的品牌，拥有 30 多年的历史。一直以来，宝岛眼镜秉持着“用专业的心，做专业的事”的理念，不断引进境外视光高科技产品，以及和境内重点高校合作进行专业人才培训，并积极参与国家质量部门检测，落实高质量的商品分析，真正创造企业、高校和视光产业 3 个方面纵横一体的零售企业。宝岛眼镜以“专业化”和“数位化”为经营理念和发展战略。“专业化”指的是在验配人员、验配仪器、验配技术、产品检测服务等方面的专业化，力求全方位呵护消费者的眼部健康；“数位化”指的是门店数字化，线上线下渠道打通、大数据应用、云医疗体系建立等，力求给消费者带来更好的验配体验。图 8-3 所示为宝岛眼镜 LOGO。

简篆体宝岛字样

图 8-3 宝岛眼镜 LOGO

2. “宝岛眼镜”直播电商的发展

宝岛眼镜在中国采取的是连锁经营模式，采用先有地方事业部，然后再有总部。宝岛眼镜现有 37 个事业部，目前的门店大概是 1 200 家，并且都是直营。从

2011 年起，宝岛眼镜就成立了数位部（以大数据驱动的人、货、场全面重构），顺应数字中国的趋势，从电商平台逐渐升级为数字平台，从传统零售转型到智能零售。同时，在天猫、京东等各大平台拓展 O2O（Online to Offline，即线上到线下）、O+O（Online + Offline，即线上+线下）、OXO（Online X Offline，即线上和线下的融合、叠加）等多项业务。宝岛眼镜还推出 NAB 系统，根据顾客的需求（Need）、态度（Attitude）、行为（Behavior）进行数据分析，将消费者划分为九大族群，从单一的营销手段到 9 种人群需求的不同输出，得到最有效的沟通方式和内容，提高营销及交易效率。此外，宝岛眼镜还运营微信公众号、微信小程序、抖音、直播、头条、知乎等线上平台及社区、论坛、企业、圈层等线下渠道。但作为眼镜零售企业，这个行业相对滞后，大家对于营销方式的体验严重落后于其他行业。

作为零售的标杆企业，宝岛眼镜大量的流量来自于线下门店，最早的电商是基于宝岛眼镜天猫旗舰店，但近几年，获得流量的成本越来越高，流量转化率非常低，宝岛眼镜遭遇了前所未有的危机。随着直播电商的兴起，其在 2019 年的下半年开始尝试直播电商。起初，天猫举办了“年货节”，要求入驻平台的零售品牌要进行直播。宝岛眼镜当时遇到的最大挑战是其电商团队里面并没有专业的直播人才。后来，宝岛眼镜在全国挑选了专业能力比较强、形象比较好的主播进行集训，同时结合“年货节”的主题开启了真正意义上的直播电商。在这个过程中，其发展取得了新的突破，这种模式也为这个行业的发展注入了新的活力，带来了无限的生机。

宝岛眼镜的优势是优质的服务，包括眼部健康服务、验光师队伍的服务、时尚顾问的服务，在社群着重突出这些优势；在直播人才培养层面，宝岛眼镜在淘宝推出了达人号，达人可以用自己的淘宝账号挂靠在宝岛眼镜天猫旗舰店，推销旗舰店的商品，只要能促进商品销售，就鼓励开播，同时设置比赛，鼓励主播开播。对主播的要求是：不仅能说会道，还有相关商品的经验、时尚的经验，在正式上岗前必须接受专业时尚搭配的培训。如果是专业类的内容，还要接受大量眼视光专业的培训，而内部的时尚顾问、视光师等可以优先进入主播培养，以便成为优质的主播人才。目前，宝岛眼镜通过直播在全国建立了 1 000 多个社群，大概覆盖客户 13 万人，潜在客户约 300 万人，这些会逐渐成为未来社群运营的核心，未来潜在客户还会不断增加。

3．“宝岛眼镜”案例分析

（1）宝岛眼镜公司所在行业环境分析及客户定位

① 公司所在行业环境分析。眼镜行业的确是如今为数不多的“厚利”行业之一，其毛利率在30%以上，这一“金矿”吸引了越来越多的商家前仆后继。但眼镜行业作为一个品牌含金量高、技术含金量高、服务含金量高的“三高”行业还是让不少缺乏核心竞争力的商家望而却步。目前，全国眼镜店总数已23 000余家，如果将连锁店计算在内则有31 000多家，而缺乏核心竞争力已使不少眼镜店在竞争中纷纷关门退场。

② 公司所在行业客户定位。大、中、小学生、普通教师、公务员等共同构筑起一个庞大的中、低端眼镜消费群体；高薪阶层永远是“贵族眼镜”消费的主力军，与他们相匹配的产品主要是高档眼镜；太阳镜不局限于遮挡太阳，更是品位和时尚的象征，已经成为时尚人士的新宠；隐形眼镜也将迎来大发展，隐形眼镜因其无框、佩戴舒适、方便、美观，而备受青少年患者的青睐，这些产品所对应的消费群体都将成为宝岛眼镜的目标客户。

（2）宝岛眼镜公司直播电商组织架构分析

宝岛眼镜公司的直播电商组织架构明确。总部有专业的事务部负责关注和研究眼视光的相关内容，不断增强该领域的专业知识，为消费者提供更好的消费体验；会员运营中心（Member's Operation Center，MOC）这个部门负责社群的运营、会员的管理和互动，增加消费者的黏性；品牌营销部的职责包括品牌的管理、营销的管理和内容的输出。此外，还有包括营运中心、商品管理中心等支持职能的部门。起初，主播属于客服范围，后来该公司成立了专门的主播管理机构，目前在逐渐发展和成熟。

（3）宝岛眼镜公司直播电商的运营管理分析

宝岛眼镜公司直播电商的运营管理主要使用了以下策略。

① 主播的管理策略。该公司内部主要对应两个业务板块，一方面负责抖音、快手的账号运营，完成固定直播的对接工作；另一方面是专门对“粉丝”的运营，增加“粉丝”黏性。主播通过开直播得到相应的积分，积分总额作为相应的评比、考核依据，对积分总额高的主播进行颁奖以及让其优先获得资源。

② 直播电商产品策略。在直播的过程中，主播除了推介有形的眼镜产品，更重视主推公司的优势服务，如眼部健康服务、验光师和时尚顾问的优质服务等。宝岛眼镜的直播内容主要是科普、种草，增进客户对时尚品牌的认知，对专业产

品功能型的认知，以此获得流量并尽可能把流量转化为更多的销量。

③ 直播电商价格策略。价格策略也是以发放优惠为主，如返红包、点赞、刷评论、抽奖等。

④ 直播电商渠道策略。在众多的平台中，宝岛眼镜主要与腾讯直播进行合作，因为该公司的优势在于无形的服务，在腾讯社区直播可以得到最广泛的宣传。首先，通过穿插眼镜知识进行科普，让消费者认识到这个品牌的优势，而不是简单在价格上与其他品牌进行比拼。其次，宝岛眼镜还在抖音平台通过内容创作吸引“粉丝”，让更多人看到其优质的直播内容，还有小红书的“种草”等。最后，微信小程序直播也是该公司开辟的直播电商渠道。

8.2 融媒体下的直播电商案例分析

融媒体是充分利用媒介载体，把广播、电视、报纸、直播等既有共同点又存在互补性的不同媒体，在人力、内容、宣传等方面进行全面整合，实现“资源通融、内容兼融、宣传互融、利益共融”的新型媒体。如何把直播电商和其他媒介进行结合，发挥最大的直播功效已成为很多公司关注的重点。

8.2.1 直播电商+广告媒介的案例分析

1. “泡小燕”简介

泡小燕燕窝饮品是广州燕子约生物科技有限公司旗下的品牌，始创于 2016 年，是一个专为爱美女士、孕妇妈妈、儿童提供的纯天然、无添加、口感佳、高营养的燕窝产品。“方便快捷”是该产品最大的特性，其颠覆传统燕窝、其他滋补品的消费人群、消费场景、食用频次等，一直致力于把该品牌打造成为女性时尚燕窝饮品第一品牌。泡小燕秉持着“严格把品质做到极致，真诚服务每一位顾客”的原则，呼吁人们热爱生活，尊重生活本质，在快节奏里找到一份慢生活。经过总结十几年的经验，泡小燕针对燕窝饮品专营连锁形成了一套独有的、既完整又细致的营运标准，并不断做出反复、持续的培训，“克隆”了一个又一个加盟连锁店。图 8-4 所示为泡小燕与《亲爱的客栈》合作。

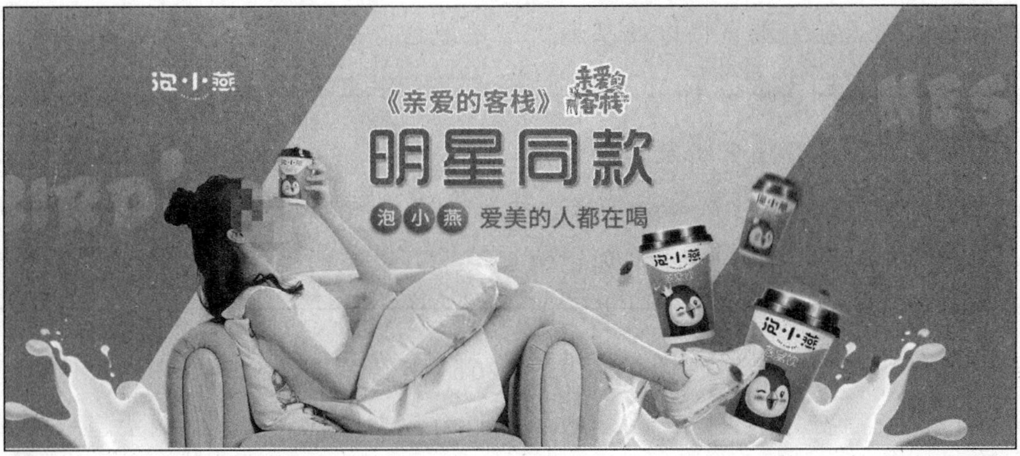

图 8-4 泡小燕与《亲爱的客栈》合作

2. “泡小燕”直播电商的发展

泡小燕从 2010 年开始加入传统的电商行列，近几年作为《亲爱的客栈》《我家那小子》等人气综艺的合作伙伴，成功地进入消费者的视线，成为了当红的饮品品牌，获得了较高的知名度，除了与湖南卫视达成合作，这一饮品也邀请了多个千万“粉丝”量级的“大 V”积极进行推荐，其已经成为了名副其实的当代网红茶饮。

到 2017 年年底，直播电商盛行，成为电商行业发展大势之后，泡小燕逐渐开始参与达人带货的形式。泡小燕直播电商团队里面的成员最早是在类似于 MCN 这样的组织机构里面培养和运营出来的达人主播。当抖音开始扶持直播发展的时候，这一类达人逐渐渗透到直播领域中来，泡小燕也从 2019 年正式开展直播业务。

目前，泡小燕主要利用淘宝和抖音进行直播电商。在呈现一场直播之前，负责运营的部门首先需要与商家进行联系和沟通，然后制定与商家相匹配的运营方案，包括为直播间进行引流，利用主播的人气去吸纳更多的流量等。在直播脚本方面，泡小燕在直播开始前会精心构思整个直播的脚本，如直播进行到什么阶段开始抽奖，什么时候需要抛梗来“热场子”，哪个时间段需要与观众互动等，具有精确的时间安排，力求增强用户黏性和用户的停留时间。脚本写好之后需要进行预演，主播会在上场之前进行彩排的，在正式开播之前做好充分的准备。在直播的时间选取方面，一般会选取晚上的时间段，时间通常会持续到凌晨一点左右，这也是直播的特点之一。直播结束之后，需要相关人员来保障商品的售后问题和维护客户的忠诚度。在直播人才培养方面，泡小燕会编写内部讲义、PPT 展示等进行直播人才的培训，并且会组织、安排主播在直播基地进行学习。目前，该公司直播培训地点在琶洲直播电商基地，该基地是广东省第一批直播示范单位。

3. “泡小燕”案例分析

（1）所在行业环境分析及客户定位

① 所在行业环境分析。近年来，线上燕窝消费高速增长，交易规模持续扩大。即食燕窝消费兴起，逐年涌现销售规模千万以上的品牌，天猫成为消费者购买即食燕窝的主要渠道。在天猫平台中，即食燕窝市场份额逐年提高，2017 年销售额超过干燕窝，增速高达 260%，并在 2018 年仍保持 95%的持续增长速度。即食燕窝以国货消费为主，国产品牌市场占比为八成左右，但进口消费趋势明显，近三年进口品牌的市场占比逐年提高，泰国、新加坡、印度尼西亚和马来西亚等国家的品牌也颇受消费者的欢迎，即食燕窝呈现巨大的市场潜力。

② 公司所在客户定位。泡小燕燕窝饮品摆脱了传统燕窝食用不便的缺陷，让消费者能够随时随地品尝,而且针对年轻人打造出了包装颜值较高的美颜饮品。其目标客户以女性群体为主，偏重于年轻女性和孕期妈妈。

（2）公司直播电商组织架构分析

公司内部的直播岗位设立在市场部，通过招聘一定数量的主播人才，再配合辅助岗位来组成项目小组，目前主要以项目团队的形式来运行直播电商。

（3）公司直播电商的运营管理分析

公司直播电商的运营管理主要使用了以下策略。

① 主播的管理策略。该公司注重培养自己的产品主播，其把产品主播作为公司运营的重要组成部分，在招聘、培养、管理方面都迅速形成了自己的特色。此外，该公司也把外部的达人主播作为直播电商发展的有效补充。

② 直播产品策略。该公司的即食燕窝的传统销售渠道是以天猫旗舰店为主的。但在直播电商的发展过程中，其会针对不同的产品进行全系列的呈现，包括产品的所有小细节，让消费者能够对产品有更加深层次的了解，从而提高品牌的被认知力度。

③ 价格策略。该公司的产品价格策略是质优价低，力求让所有消费者都能得到一个实惠的购买体验。目前，该公司针对不同的产品进行了价格调整，单价在 300 元以下的品牌数占比趋于上升，把高端的即食燕窝产品通过压缩利润来推广给普通人，达到普及性消费。

④ 直播渠道策略。公司早期的销售渠道主要是淘宝天猫店，平媒体广告投放、短视频投放也是该公司宣传推广的方式之一。目前，直播逐渐成为主要的销

售渠道，由于淘宝天猫是消费者购买意愿最强烈的网站，所以该公司把淘宝直播作为最重要的销售渠道。同时，在抖音、小红书等平台开始尝试和其他的直播达人进行合作。

8.2.2 直播电商+渠道赋能的案例分析

1．“静韵家居服”简介

广州市厚薄服饰有限公司始建于 1997 年，是一家集面料开发、产品设计、生产、销售为一体的大型家居服饰企业。静韵旗舰店是广州市厚薄服饰有限公司旗下的天猫商城子品牌，主营休闲时尚睡衣家居服。静韵家居服自 2009 年进驻淘宝，至今已有 10 年的网上销售历史，是天猫老牌的销售店铺，其也是第一批在网上（淘宝）从事家居服销售的商家，静韵家居服一直以“优秀的品质和真诚的服务”服务广大消费者，获得了广大消费者的认可。

2．“静韵家居服”直播电商的发展

静韵家居服最早主要是从事服装品牌的代工生产，其遵循传统品牌销售和商品订购模式，整个交易流程非常缓慢。例如，夏季企业可能需要准备一个展厅，把秋冬即将流行的产品进行展示，让供销商进行订货，商品需求量较大的客户要提前预订秋冬季的商品。这种模式的门槛较高，在无形中会流失很大一部分潜在客户。后来淘宝等电商平台诞生之后，企业创立品牌的门槛低了很多。在 2011 年的时候，静韵家居服抓住了电商发展的趋势，开始了传统的电商模式。

近年来直播电商的发展突破了此前商品只能平面展示的局限，让商品得到了全方位的动态展示，逐渐成为行业发展的新态势。面对直播这一新形势，静韵家居服最直观的体验是直播的信息反馈及时，现场互动性强，在直播过程中客户能够看到产品更加详尽的展示和从直播中获得更多的优惠，销售效果立竿见影。

3．“静韵家居服”案例分析

（1）静韵家居服公司所在行业环境分析及客户定位

① 公司所在行业环境分析。公司商品主打家居服系列，属于服装市场的细分，市场成熟，但没有形成寡头垄断局面，传统的销售渠道非常成熟，网上销售的竞争也比较激烈。

② 公司所在行业客户定位。公司商品主要定位在 18～40 岁的人群，这类人

群是家庭主力人群，对家居服的购买欲望会比其他年龄段强烈。

（2）静韵家居服公司直播电商组织架构分析

该公司在市场部的客服部里面设置了相应的直播岗位，也叫做用户中心，对应不同的项目小组，由项目小组负责直播电商的运营和管理。

（3）静韵家居服公司直播电商的运营管理分析

静韵家居服公司直播电商的运营管理主要使用了以下策略。

① 主播的管理策略。主播分为外播和店播。对外是合作的达人播主，通常结合销售计划提供有卖点的货品，定制一定的利益点，管理相对松散，坚持利益导向；对内是店播，店播主要围绕新老客户进行商品的多维展示和促销，公司出台相应的直播培养和管理方案。

② 直播电商商品销售策略。对外推出的直播销售策略就是经过多方合作，力荐新品，让名气较大的主播进行带货，先累计一定的销量，然后再包装成热卖商品。对内的直播销售策略就是以推广自家店内成熟的商品为主流，围绕新老客户进行商品的多位展示和促销。

③ 直播电商价格策略。该公司产品的定价在线上和线下差别不大，主要是由线上、线下的运营成本所决定的，线上主要是引导流量，形成口碑效应，但并不比线下的投入少，所以两者的定价差异不大。

④ 直播电商渠道合作策略。该公司在抖音、B 站、淘宝等平台正积极开展直播电商，采取的主要是多渠道合作的策略，由于淘宝平台是带货的主要平台，消费者购买意愿最强烈、交易更容易实现，所以淘宝成了该公司直播电商的主要合作平台。

归纳与提升

通过直播电商建立起来的直播能力，可以为企业在更多领域达成赋能。直播中的主播可以结合人设 IP 打造变成互联网的达人 IP，实现更多价值。主播的能力结合平台的活动，在广告上可以瞬间获得关注品牌的较大流量，在流量转化为销量的同时还能实现品牌的宣传。主播的能力结合线下渠道的销售，让直播内容和主播的人设魅力，成为线下销售的工具，从而实现更高的销售业绩。

从目前情况来看，直播电商是一个风口。但是任何的风口都会过去，销售形式会随着时代的发展而变迁。从早期的传统电商再到后来的内容电商、社群电商以及现在的直播电商，包括私域流量等，每一个销售的形式都会成为过去，所以更要抓住机遇，跟上每一次风口。未来会有更多的企业加入直播电商，并且随着 5G、VR 的到来，直播的形式也会得到丰富和发展。

名词解释

直播带货；MCN；O2O；OXO

复习思考题

1. 在不同直播平台开展直播的差异有哪些？
2. 当前直播电商发展中存在什么风险？
3. 直播电商未来的发展趋势如何？

场景实训

为更好地了解企业直播电商的运营流程，我们将进行下述实训操作。

【实训目标】

1. 掌握直播电商运营的模式与策略；
2. 了解直播电商运营过程中存在的风险；
3. 把握直播电商未来的发展趋势。

【实训内容】

调研一家电子商务企业，分析该企业直播电商的运营情况。

【实训要求】

1. 通过对企业直播电商运营流程的分析，发现其运营过程中存在的风险；

2. 根据企业直播电商运营过程中存在的问题提出针对性建议，增强企业直播电商的运营效果。

参考文献

[1] 范鹏. 新零售：吹响第四次零售革命的号角[M]. 北京：电子工业出版社，2018：84-86.

[2] 刘望海. 新零售：新媒体营销与运营：从入门到精通（微课版）[M]. 北京：人民邮电出版社，2018：218-219.

[3] 王怀明. 组织行为学：理论与应用[M]. 北京：清华大学出版社，2014.

[4] 严正. 胜任素质模型构建与应用[M]. 北京：机械工业出版社，2013：172-174.

[5] 李医群. 跨境电商职业能力与发展[M]. 北京：中国海关出版社，2019.

[6] 劳帼龄. 电子商务安全与管理（第 3 版）[M]. 北京：高等教育出版社，2016.

[7] 高长利，李伟东，郭春光. 直播营销[M]. 广州：广东经济出版社，2017.

[8] 勾俊伟，张向南，刘勇. 直播营销：[M]. 北京：人民邮电出版社，2017.

[9] 李亚，武洁，黄积武，等. 直播：平台商业化风口[M]. 北京：机械工业出版社，2016.

[10] 杨浩. 直播电商 2.0[M]. 北京：机械工业出版社，2020.

[11] 全权. 抖音电商：精准定位+通晓算法+引流运营+直播带货+橱窗卖货[M]. 北京：清华大学出版社，2020.

[12] 阿里巴巴商学院. 内容营销[M]. 北京：电子工业出版社，2019.

[13] 淘宝大学达人学院. 淘宝直播运营与主播修炼手册[M]. 北京：电子工业出版社，2017.

[14] 姚岗，王璐. 内容电商运营[M]. 北京：人民邮电出版社，2020.

[15] 吴航行，李华. 短视频编辑与制作[M]. 北京：人民邮电出版社，2019.